SYLTER SAGEN

SYLTER SAGEN

Herausgegeben von Wilhelm Jessen
nach Schriften des Heimatforschers
Christian Peter Hansen

Nr. 25

Verlag Hansen & Hansen, Münsterdorf

Mit einer Würdigung Wilhelm Jessens von Hermann Schmidt
Umschlag und Zeichnungen von Jeane Flieser

Erste Auflage 1925
Zweite Auflage 1965
Dritte, durchgesehene Auflage 1976
mit Genehmigung des Nordfriisk Instituut
by Verlag Hansen & Hansen, Münsterdorf
Gesamtherstellung Clausen & Bosse, Leck
ISBN 3-87980-320-x

VORWORT ZUR DRITTEN AUFLAGE

Seit ihrer ersten Veröffentlichung aus der Feder des Sylter Küsters und Heimatforschers Christian Peter Hansen (1803–1879) erfreuen sich die Sylter Sagen einer großen, bis heute unverminderten Beliebtheit. Das gilt auch für die von Wilhelm Jessen (1879–1949) veranstaltete Neuausgabe, die in 1. Auflage 1925 im Inselverlag Carl Meyer Westerland, in 2. Auflage 1965 im Sylter Verlag für Heimatschrifttum (Carl Meyer Erben) Westerland erschienen ist. Auch diese Sagenausgabe ist seit mehreren Jahren vergriffen. Das Nordfriisk Instituut, das den verlegerischen Nachlaß der verstorbenen Verlagsinhaberin und Tochter Carl Meyers, Martha Rudolph, betreut, ist dem Verlag Hansen & Hansen deshalb sehr dankbar, daß er die Herausgabe einer 3. Auflage übernommen hat, die sicher eine ebenso freundliche Aufnahme finden wird wie alle älteren Ausgaben.

Die 3. Auflage ist von cand. mag. V. Tams Jörgensen noch einmal sorgfältig durchgesehen worden, wobei, wie schon bei der 2. Auflage, Hermann Schmidt, Wenningstedt, wertvolle Hilfe geleistet hat. Vor allem sind willkürliche Unterschiede oder Unstimmigkeiten in der Schreibung der sylterfriesischen Orts- und Personennamen korrigiert worden. Eine konsequente Berücksichtigung der Orthographie des Sylterfriesischen wurde hingegen nicht versucht. Es schien uns bei der vorliegenden Ausgabe wichtiger, dem Leser die Namen in der ihm doch mehr oder weniger vertrauten Form zu bieten, als ihn durch orthographisch zwar richtige, aber ungewohnte Namenformen zu verwirren. Auch aus Kostengründen galt es, den Umfang der Korrekturen so gering wie möglich zu halten.

Dem mehr wissenschaftlich interessierten Leser sei außerdem die kritische Ausgabe der Sylter Sagen von Willy Krogmann (Göttingen 1966) empfohlen.

Bredstedt, NF, im März 1976 Nordfriisk Instituut

AUS DEM VORWORT ZUR 1. AUFLAGE

Christian Peter Hansen, geboren 1803 in Westerland auf Sylt, und zwar in dem Dorfteil Südhedig, wo sein Geburtshaus noch steht, lauschte schon als fünfjähriger Knabe begierig den Sagen und Erzählungen der letzten Bewohner des von den Dünen vernichteten Dorfes Alt-Rantum, und die große, reine Freude an der reichen heimischen Sagenwelt beseelte ihn sein ganzes Leben hindurch. Unermüdlich forschte er nach dem kostbaren Volksgut; ebenso unermüdlich war er bestrebt, anderen die gefundenen Schätze in Wort und Schrift mitzuteilen, wobei er, innerem Drange folgend, allmählich zum Gestalter wurde, der die einzelnen Elemente sorgsam zu größeren Bildern zusammenfügte.

Aus dem Hansenschen Sagenborn haben sich viele dankbar erquickt, bis in die jüngste Zeit hinein schöpften selbst namhafte Schriftsteller daraus. *Sicherlich vermag der alte Quell noch immer Heimatliebe zu wecken und zu stärken.* In dieser Zuversicht hat der Herausgeber die nachfolgenden Sagen aus den im Quellenverzeichnis genannten Schriften zusammengetragen; um die Lesbarkeit zu erhöhen, hat er die längeren Einheiten gegliedert und mit Teilüberschriften versehen; vor allen Dingen aber ist er bemüht gewesen, die vielen Unebenheiten und Weitschweifigkeiten zu vermindern, ohne den Vorzügen der ursprünglichen Darstellung Abbruch zu tun.

Westerland auf Sylt, im Dezember 1925.

W. J.

DIE LÜNGSAGE

JENS LÜNG

Als Jens Lüng auf List wohnte, kam einst ein fürchterlicher Sturm und ein so hohes Wasser, daß ganz List unterging bis auf die Kirche und Jens Lüngs Haus; alle Leute daselbst ertranken bis auf Jens Lüng und eine Jungfrau Mett oder Merret.

Obgleich in der verwüsteten Gegend sonst keine Menschen mehr waren, gingen Jens und Mett, die nun seine Frau wurde, sonntags wie früher zur Kirche. Da kein Prediger und kein Küster erschien, denn auch diese waren ertrunken, stimmte Jens einen Gesang an, und Mett hielt ein Gebet. So lebten sie viele Jahre auf List in Gottesfurcht und Frieden.

Dann aber kamen die Dänischen und wollten das ganze Listland haben; zwei Fanöer bauten sich Häuser auf Meelhörn. Und die Dünen begannen, die Kirche zu verschütten. Da grämte sich Jens fast tot. »Nein«, sprach er, »ich halte es hier nicht länger aus!« Er brach seine Hütte ab, belud seinen großen Ewer mit seinen Sachen, trug den Altar und die Altargeräte aus der Kirche auf sein Schiff und segelte, um kein Aufsehen bei den Dänen zu erregen, in der Nacht von List ab. Er hatte im Sinne, sich in dem Wardüntal auf Hörnum ein Haus zu bauen, an der Stätte, wo die alte Kapelle von Wardün ehemals gestanden hatte, und in dem Ostende seiner neuen Wohnung wollte er seinen Altar wieder aufrichten.

Während er längs der Westseite der Insel südwärts steuerte, kam sein Schiff in der Dunkelheit dem Strande bei Alt-Rantum etwas nahe und blieb da sitzen. Es würde dieser Umstand wahrscheinlich den Rantumern unbekannt geblieben sein, wenn nicht Jens Lüng einen Hahn an Bord gehabt hätte. Durch sein Krähen in der frühen Morgenstunde weckte das Tier die dem Strande zunächst wohnenden Leute aus dem Schlafe, und sobald diese das gestrandete Schiff bemerkten, eilten sie an das Ufer. Sie wollten Jens überreden, seine Ladung ans Land zu bringen, allein Jens Lüng traute ihnen nicht und meinte, die Flut würde sein Schiff bald wieder flott machen. Er war überdies ein großer, starker Mann und wehrte die Rantumer ab, so gut er konnte. Gleichwohl vermochte er nicht zu verhindern, daß sie seine kostbaren Altargeräte, als silberne Leuchter, Kelche und Schalen samt seinem wachsamen, schön gefiederten Hahn stahlen.

Die Rantumer hatten nie früher einen so schönen Vogel gesehen und freuten sich anfänglich sehr über ihn. Sie sollen damals zwei Kirchen, die Westerseekirche und die Ratsburgkapelle, aber in vielen Jahren keinen Prediger gehabt haben und lebten daher ungefähr wie die Heiden. Als nun der Hahn sie alle Morgen durch sein Geschrei zum frühen Aufstehen und zur Arbeit ermunterte, nannten sie ihn ihren Prediger. Einige meinten sogar, daß er sie zum Glauben an Gott und zum Gebet auffordere, indem er, wie sie wähnten, alle Augenblicke riefe: »Kiek in de Höh, Höh!« Manche mögen wirklich durch das unvernünftige Tier auf bessere Gedanken gekommen sein; die aber im Bösen beharrten, haßten und verfolgten jetzt wegen seiner vermeintlichen Mahnungen den armen Hahn.

Unterdes war Jens Lüngs Schiff, als die Flut wiederkehrte, wirklich flott geworden. Jens segelte weiter südwärts und fuhr durch das Hörnumgatt in die Bucht am Buder. Unweit Großvlie legte er sich vor Anker.

Ungestört, aber auch ohne Hilfe begann er nun, sein Schiff

auszuladen und sein neues Haus im Wardüntal zu bauen. Mit den Rantumern wollte er nichts mehr zu tun haben. Besonders übel rechnete er es ihnen an, daß sie, wie er gehört hatte, in der Westerseekirche spielten und tanzten und aus den ihm geraubten geweihten Gefäßen Bier soffen. Im übrigen lebte er mehrere Jahre in Ruhe und Frieden in seiner neuen Wohnung im Wardüntal und diente Gott an seinem eigenen Altar nach seiner eigenen Weise. Seine Frau gebar ihm hier zwei Kinder, einen Sohn Jakob und eine Tochter Ellen. Alles währet seine Zeit, und Jens Lüngs Ruhe und Glück währte nur kurze Zeit.

Der Papst bekam zu hören, daß die Rantumer und die meisten Leute auf Sylt so gottlos und heidnisch und daß keine christlichen Priester auf der Insel seien. Da schickte er Boten an den König von Dänemark mit der Bitte, er möchte das geistliche Regiment über alle Kirchen auf Sylt in Ordnung bringen, der Papst wolle alsdann für jeden Altar einen Prediger senden.

Nun kam Jens Lüng daran zu denken: ich habe ja auch einen Altar; die Päpstlichen könnten mir mein Haus nehmen und für sich zu einer Kapelle einrichten, oder die diebischen Rantumer, die selber keinen unbefleckten Altar mehr haben, könnten mir meinen rauben wollen. Um allen Verdrießlichkeiten vorzubeugen, schenkte er seinen teuren Altar daher der Kirche zu Eidum, die nördlicher als die Westerseekirche lag und nur einen kleinen Marienaltar hatte. In Zukunft wollte er an dem Gottesdienst in dieser Kirche teilnehmen.

Bald darauf erhielten die Gotteshäuser auf Sylt wieder christliche oder päpstliche Prediger, die Westerseekirche, die Eidumer, die Keitumer und die Morsumer Kirche bekamen je zwei Geistliche; außerdem soll je ein Prediger für das untergegangene Kirchlein auf List und für die Ratsburgkapelle gesendet worden sein.

In den vielfältig entweihten und beschmutzten Kirchen mußten nun große Reinigungen und Veränderungen vorgenommen werden. Auf die Altäre stellte man die Bildnisse der Apostel, der Mutter Maria und irgendeines Heiligen und ließ sie neu anstreichen oder gar vergolden. Man machte sogar Versuche, durch hölzerne oder vergoldete Bilder die dreieinige Gottheit selber darzustellen. Dann wurden die Altäre aufs neue geweiht: die Westerseekirche wurde St. Peter, die Ratsburgkirche St. Maria, die Eidumkirche St. Nikolai, die Keitumkirche St. Severin und die Morsumkirche St. Martin genannt. Das neugierige und abergläubische Volk aber wurde aufgefordert, künftig nicht bloß Gott und Jesum, sondern auch die Mutter Maria, die heiligen Apostel und andere Märtyrer, ja, sogar deren Bildnisse anzubeten, widrigenfalls drohte man mit Verbannung, Fegefeuer und höllischen Strafen.

Wegen der einsamen Lage seines Hauses erfuhr Jens Lüng von all dem wenig. Gleichwohl war er gottesfürchtig und heilsbegierig wie früher, und eines Tages beschloß er, an dem nächsten Sonntage dem neueingerichteten Gottesdienste in der Eidumkirche beizuwohnen.

Auf seinem Gange dorthin mag er vielleicht gedacht haben, daß ihm wegen seines Altars große Ehre zuteil werden würde. Voller Sehnsucht nach einer würdigen Gottesverehrung und voller Erwartung trat er in die Kirche.

Allein wie bitter wurde er enttäuscht! Seinen Altar erkannte er nicht mehr; der war nicht nur neu bemalt, sondern gänzlich verändert worden. Auf das Mittelstück des Altarblattes, Gott dem Vater und der Mutter Maria zur Seite, hatte man zwei rohe Figuren gestellt, die man als zwei dänische Heilige bezeichnete, nämlich als St. Jürgen und St. Niels. Jens Lüng glaubte, vor Ärger und Schande samt seinem Altar in die Tiefe versinken zu müssen. Als nun gar die betörte Menge vor diesen Bildern niederfiel und nach dem Beispiel und der Anweisung der Priester bald die Mutter Maria, bald St. Jürgen und bald den heiligen Niels anflehte und dabei allerlei wunderliche Handlungen den Priestern nachahmte, ergriff Entsetzen und Entrüstung den frommen, schlichten Greis. Aufrecht stand er unter der in blinden Götzendienst versunkenen Menge. Er wurde aufgefordert, ebenfalls seine Knie zu beugen vor den Heiligen und den Bildern. Da sprach er: »Lebend nicht!« – zog sein Messer aus der Scheide und stieß es sich selber in die Brust. Mitten in der

Kirche stürzte er nieder mit dem Ruf: *»Lieber tot, als Sklave der Priester!«*

Die Eidumkirche fiel 1634 bei Nacht und stillem Wetter zusammen. Aus ihren Trümern baute man 1635 das alte Westerländer Gotteshaus. So kommt es, daß der Altar der ehemaligen Altlister Kirche jetzt in Westerland steht.

Das Mittelstück des Altarblattes mit den in der Sage erwähnten vier Figuren wurde 1892 durch ein Gemälde ersetzt und hängt heute an der Nordwand nahe am Eingang. Die Figuren sind 1856 neu vergoldet worden.

Die Stätte der letzten Eidumer Kirche aber liegt seit langem im Meer. Die Düne, die über sie hinweggeschritten ist, führt im Volksmunde den Namen Altkirchendüne.

DIE WITWE IM WARDÜNTAL

Jens Lüngs fromme Witwe erzog ihre beiden Kinder in Dürftigkeit, in Kummer und Sorgen. Sie hatte eine Kuh und einige Schafe, spann und strickte Wolle und machte Dachstricke aus dem Dünenhalm. Ihre Kinder hielt sie zur Teilnahme an ihren Arbeiten an und erzählte ihnen abends bei der Tranlampe von dem, was von altersher Gott und die Menschen getan.

Ihre Tochter wuchs denn auch an ihrer Seite auf wie ein junges Reis aus der Wurzel eines edlen Stammes und wurde immer mehr das Ebenbild der Mutter. Der Sohn aber war, wie es schien, ein wilder Zweig, war ein schläfriger und träger Junge, mit dem die Mutter nichts Rechtes anfangen konnte.

Schickte sie ihn nach der Kuh oder nach den Schafen, so mußte sie nach einigen Stunden gewöhnlich selber ins Feld gehen, um ihn zu suchen; wollte sie ihn durch Ermahnungen, durch Belehrungen oder Erzählungen zum Guten leiten, so schlief er ihr ein; wollte sie ihn strafen, so widersetzte er sich sogar. Sie hatte daher vielen Kummer über ihren Sohn, und man nannte ihn auf ganz Hörnum seiner Trägheit wegen Jakob Leiert oder

Jakob Langsam; keiner zweifelte, daß er ein Nichtsnutz werden würde. Er sprach selten und lachte niemals. Gewöhnlich trieb er sich müßig in den Dünen und am Strande umher, oder er lag irgendwo zu schlafen. So wuchs er heran, und mit seinen Kräften wuchsen auch seine üblen Eigenschaften. Selbst der damalige Prediger in Rantum, Herr Albert, dem die Witwe ihre Not mit dem Knaben geklagt hatte, vermochte ihn nicht zu ändern.

Als Jakob größer wurde, stand er oft mitten in der Nacht auf, ging ohne Wissen und Willen der Mutter aus und kehrte erst gegen Morgen zurück. Keiner wußte, wo er war und was er machte. Nur wenn die Mutter bisweilen am Morgen ein Gericht frischer Butten, einen toten Hasen oder neuen Feuerungsvorrat auf dem Herde fand, konnte sie schließen, wo Jakob in der Nacht gewesen war. Dann schlief er aber auch um so fester und länger am folgenden Tage. Oft und gern spielte er mit einer kleinen weißen Katze, die nicht in das Haus seiner Mutter gehörte, sondern bisweilen am Tage, doch öfter in der Nacht von dem Dorfe Rantum herüberschlich nach dem Wardüntal. Wie die Schwester Ellen zu beobachten Gelegenheit fand, begleitete die Katze ihn auf seinen nächtlichen Streifereien.

Die weiße Katze war eine Hexe, war ein schönes Mädchen aus Rantum, welches jung schon die geheime Kunst gelernt hatte, sich in eine Katze oder ein anderes Tier zu verwandeln. Es spielte als Katze mit dem Knaben, dem langsamen Jakob, aber weckte als Jungfrau das Feuer in dem Jüngling. Am Tage nur spielte sie die Rolle der Katze, in der Nacht war sie früh schon die Braut Jakobs. Stets begleitete sie ihn auf seinen nächtlichen Wanderungen am Strande und in den Dünen, wenn er Vögel und Fische fing oder Strandgut sammelte, und warnte und beschützte ihn vor Gefahren.

Es gab aber damals so viele Hexen und Tröler auf Sylt, und besonders in den Dünen, daß die beiden Verliebten, Jakob und Kressen, so hieß seine Braut, nicht lange ihre nächtlichen Zusammenkünfte und Wanderungen unbemerkt und ungestört fortsetzen konnten. Als ihr Geheimnis bei den übrigen Hexen viel Geschwätz und Neid erregt hatte, konnte sich Kressen vor dem Gespött und Gekicher kaum mehr sehen lassen. Jakob machte daher zuletzt manchen nächtlichen Gang allein; aber er entbehrte damit auch den Schutz der liebenden und warnenden Fee.

Einst hatte er sich verspätet, wie es so oft auf seinen nächtlichen Streifereien geschah.

Als es Morgen wurde, segelte ein Helgoländer Fischerfahrzeug mit dem Flutstrom durch das Hörnumgatt in die Bucht hinein, an der Jakob trostlos stand. Nachdem das Schiff Anker geworfen hatte, rief der Schiffer dem langen Jakob zu: »Hör, Freund, ich habe draußen beim Fischen zwei meiner Gesellen verloren. Du scheinst mir tüchtige Glieder zu haben und könntest wohl für zwei arbeiten. Hast du Lust, einen guten Schilling zu verdienen, so will ich dich mit meiner Jolle abholen!«

»Holt mich nur ab, ich will mit Euch fahren«, antwortete freudig Jakob.

Nach fünf Minuten war er bereits an Bord. Als die Ebbe eintrat, lichtete der Schiffer die Anker und segelte wieder ab. Jakob war nun Matrose und Heringsfischer und ein tüchtiger Gehilfe seines Schiffers, der wohl mit ihm zufrieden war und ihn reichlich belohnte.

Seine Mutter und seine Schwester aber gerieten in große Angst und Sorge seinetwegen, weil sie nicht wußten, warum Jakob plötzlich ganz ausblieb.

In dieser Zeit ließen sich, wie auch schon früher ab und zu, oft fremde Fischer, Strand- und Seeräuber an der Südspitze der Halbinsel Hörnum und in der Renne am Buder sehen. Sie kamen jedoch selten nach den Dörfern der Insel und hatten, soviel man wußte, bisher keinem Sylter etwas zuleide getan. Eines Tages nun, als Ellen nach ihrem Bruder suchte, wagte sie sich auch nach der Südspitze der Insel in der Hoffnung, ihn dort zu finden.

Es war aber gerade damals ein schwedisches Seeräuberschiff am Buder angekommen, ohne daß die Jungfrau es wußte. Als nun die gottlosen Räuber das schöne Mädchen gewahrten, stiegen sie ans Land und liefen dem armen, unschuldigen Geschöpf nach. Schüchtern wie ein gejagter Hase suchte Ellen sich zu verbergen, bald rannte sie weiter nach der Landspitze zu. In ihrer Angst sah sie sich um, ob kein Weg zum Entrinnen übrig wäre, denn sie stand schon an dem äußersten Ende der Insel. Allein es gab keinen mehr: vor ihr das Meer, hinter ihr die Räuber, die immer näher kamen und sie im nächsten Augenblick umringen würden.

Da dachte sie ohne Zweifel an ihren Vater und sein Ende. Sie faßte sich schnell und befahl Gott ihre Seele. Dann stürzte sie sich in die See und ertrank vor den Augen ihrer erbarmungslosen Verfolger.

Das war das traurige Ende der tugendhaften Ellen, die lieber tot als Sklavin der Räuber sein wollte.

Nach diesem Verlust ihrer beiden Kinder glaubte die alte einsame Witwe, sich zu Tode weinen und hungern zu müssen; denn sie war nachgerade so alt und schwach geworden, daß sie nicht mehr arbeiten und kaum mehr aus- und eingehen konnte. Als sie ihre Gedanken jedoch nach dem erlebten Unglück etwas gesammelt hatte, setzte sie ihr Vertrauen wie früher auf Gott und begann wieder, zu ihm zu beten um seine Hilfe und seinen Segen. Sie hoffte, der liebe Gott werde ihr gute Menschen zusenden, die sich ihrer erbarmen und sie in ihren letzten Tagen versorgen würden. Allein Gottes Wege sind nicht unsere Wege; was sie gehofft hatte, geschah nicht. Wohl aber fand sich die kleine weiße Katze, die unterdes groß und dick geworden war, wieder in ihrem Hause ein. Das Tier wich nicht mehr von ihrer Seite, wie oft sie es auch anfangs zu verscheuchen suchte. Nur wenn es Nacht wurde und die Alte zu Bett gegangen war und schlief, schlich sich die Katze weg. Sie fing Vögel und Fische und trug sie der Witwe ins Haus. Bisweilen schleppte sie auch Eier herbei, die sie den Vögeln aus den Nestern genommen hatte, und selbst Hasen brachte sie. Auf solche Weise ernährte das kluge und mitleidige Tier die alte, fromme Witwe im Wardüntal.

Einige Jahre später wurde es auf Sylt allgemein bekannt, daß in der Gegend von Helgoland so viele Heringe waren; erst dann beteiligten sich die Sylter mit »Allemann« an dieser Fischerei, und in der Folge nahmen sie sogar einen Hering als Wappen in ihrem Landessiegel an.

Wie verwunderten sich aber alle, als sie ihren Landsmann schon auf Helgoland beschäftigt fanden. Jakob Langsam ist daher der erste Sylter Heringsfischer gewesen. Man sagte deshalb später von ihm: Einmal in seinem Leben ist Jakob Langsam stark gelaufen und ist alsdann vor alle seine Landsleute gekommen.

Man sagt aber auch noch oft von einem trägen Menschen: Jakob hat ihn ereilt.

Ehe es aber dahin kam, daß seine Landsleute ihm in dem neuen Erwerbszweig nachfolgten, war Jakobs Schwester bereits gestorben, und seine Braut war, um dem Gespött der bösen Leute zu entgehen, in der Gestalt einer Katze zu seiner Mutter gezogen. Als treue und liebende Schwiegertochter sorgte sie für die alte Frau, freilich in der Gestalt einer Katze stets am Tage, wenn aber die Alte schlief, stets als emsige und sparsame Haushälterin in der Gestalt einer schönen, blühenden Jungfrau.

DER UNTERGANG ALT-RANTUMS UND JAKOB LÜNGS HEIMKEHR

Damals war Rantum der größte Ort auf ganz Sylt. Westlich vom jetzigen Rantum, wo jetzt das äußere Riff im Meer ist, lag das Langdorf oder Groß-Rantum mit der Westerseekirche. Es war das allerwohlhabendste Dorf auf Sylt, und die Kirche, an der zwei Prediger wirkten, war die größte auf der Insel und hatte einen hohen Turm.

Klein-Rantum und das später verschwundene Niebolum lagen östlicher, waren aber zusammen viel kleiner als das Langdorf und hatten ein kleineres Gotteshaus für sich, das gewöhnlich die Ratsburgkirche genannt wurde, weil sie in der Nähe der Rantumer Burg lag.

Der letzte katholische Hauptprediger an der großen Westerseekirche war Herr Albert aus Kiel, ein guter Christ und ein reicher Mann. Er war verheiratet; denn in alter Zeit duldeten die Friesen nicht gern unverehelichte Priester unter sich. Seinen Sohn Hans Kielholt ließ er in Leipzig studieren, und er hatte so viel Land, daß seine Dienstboten es kaum mit zwei Pflügen bearbeiten konnten.

Der damalige Prediger an der kleinen Ratsburgkapelle dagegen, Herr Georg Einerlei, war ein boshafter Mann, ein großer Zauberer und Hexenmeister, der den Herrn Albert immer beneidete und auf dessen Untergang sann.

Einst, gerade in der Nacht vor dem Allerheiligentage, zu dessen Feier sich alle Eidumer und Rantumer gleich allen übrigen Katholiken rüsteten, machte er durch seine Teufelskünste einen entsetzlichen Sturm. Der Strand raste fürchterlich, die Flut brach durch alle Deiche und sogar durch die hohe Bank oder den Landrücken, worauf das Langdorf lag. Alle Häuser daselbst wurden zerstört. Die Westerseekirche sank zwei Faden in die Tiefe. Nur die südlichsten und östlichsten Teile Rantums samt der kleinen Marien- oder Ratsburgkirche blieben stehen. Von Eidum verschonte die furchtbare Flut außer der Kirche nur die nordöstlichen Häuser, die jetzigen sogenannten Enden von Westerland.

Viele hundert Menschen ertranken, besonders Weiber, Kinder und alte Leute, denn die Männer und Jünglinge waren noch nicht von dem Heringsfang bei Helgoland zurückgekehrt, als das Unglück kam.

Die Dünen waren, wie die Alten sagten, ins Laufen gekommen und stoben über alle Wiesen und Weiden zwischen Rantum und Tinnum. Man hatte nachher Mühe, das fruchtbare Land wieder von dem Sande zu reinigen und mußte ihn in große Haufen und Wälle, die man Sön'diker nennt, zusammen karren, schaufeln und fegen.

So ging alle Herrlichkeit Rantums dahin.

Als die von der Allerheiligenflut übriggebliebenen Rantumer sich etwas erholt hatten, sprachen sie natürlich davon, woher das Unglück gekommen sei und wer wohl den schrecklichen Sturm veranlaßt habe. Sie sahen um sich auf die Wasserwüste, auf die Häuser- und Kirchentrümmer, nach den fliegenden Wolken und Vögeln, allein nirgends konnten sie ein Zeichen dafür entdecken, wovon der Sturm entstanden sein möchte. Es war vor dem Unglück auch kein Komet oder Nordlicht gesehen worden.

Während sie so standen und sich über die Ursache ihrer schrecklichen Erlebnisse in der vergangenen Nacht besprachen, klang aus der Ferne plötzlich ein Hohnlachen wie von einer großen Raubmöwe in ihre Ohren. Sie sahen sich bestürzt noch einmal um und gewahrten auf dem hohen Walle der alten Rantum- oder Ratsburg einen großen schwarzen Vogel, der mit den Flügeln weit um sich schlug, aber doch nicht wegflog, der ab und zu entsetzlich krähte und dann wieder laut lachte. Jetzt gingen ihnen die Augen darüber auf, wer ihnen ihr Unglück bereitet hatte.

Sie erinnerten sich des Streites, den der erzkatholische Priester zu St. Marien, der ein arger Störenfried und ein wahrer Nekkepenn war, stets mit Herrn Albert von der großen Seekirche geführt; sie gedachten des Neides, welchen Herr Georg, der keine Zuhörer hatte, gegen den allgemein geachteten und geliebten Herrn Albert hegte, und alle Rantumer waren sich schnell darin einig, daß der schreckliche, hohnlachende Vogel auf der Ratsburg niemand anders als der schadenfrohe Priester und der Urheber ihres Unglücks sei. Er war auch längst in dem Verdacht, daß er Hexen- und Teufelskünste nicht bloß verstände, sondern im großen triebe. Einige hielten ihn gar für den Meermann selbst.

Es tat übrigens not, daß die Rantumer und Eidumer die wenigen Güter, die ihnen noch geblieben waren, zu sammeln suchten. Ihr Vieh war fast ohne Ausnahme ertrunken. Ihre Vorräte und Geräte waren mit ihren Wohnungen verschwunden oder unbrauchbar geworden. Der kalte Winter stand vor der Tür, und es fehlte ihnen fast an allem, um sich gegen seine Schrecknisse zu wehren. Am meisten Hoffnung setzten sie auf die baldige glückliche Rückkehr ihrer abwesenden Söhne und Brüder, die seit dem Frühjahr mit dem Heringsfang bei Helgoland beschäftigt waren. Durch die hofften sie, vor dem Hungertode geschützt zu werden.

Ehe aber diese Helfer anlangten, kamen zur Vollendung des Unglücks der Rantumer die schlimmsten der damaligen Gäste auf Hörnum an, die Liekendeler, lauter schwedische und andere Seeräuber. Der Sturm hatte ihre Schiffe stark beschädigt und sie genötigt, die Reede am Buder aufzusuchen. Einige ihrer Schiffe kamen glücklich hinein in die geschützte Bucht, andere aber gerieten bei Hörnum und Amrum auf den Strand und zerschellten. Bei der Strandung ertranken manche der Seeräuber, aber viele blieben am Leben und stürmten am folgenden Tage hungrig und nach Raub begierig von Hörnum nach Rantum hinauf.

Was die Wellen verschont hatten, das wurde nun in dem unglücklichen Rantum eine Beute dieser gottlosen Räuber. Und nicht viel besser sollen sie in Eidum und Tinnum gehaust haben. In Rantum raubten sie sogar das Blei des Daches und die Glocken des Turmes von den Trümmern der Westerseekirche.

Auf ihrem Rückzuge nach dem Buder entdeckten sie das einsame Haus im Wardüntale, das wie durch ein Wunder bei der Überschwemmung erhalten geblieben war. Da sie nichts Besseres dort fanden, raubten sie daraus die schöne, weiße Katze. Wie sehr die alte und blinde Merret auch bat und wie jämmerlich die Katze auch miaute, sie steckten das Tier in einen Sack und schleppten es mit sich fort.

Die Räuber hatten sich mit Beute überladen und verspäteten sich sehr auf ihrem Rückwege. Es war dunkle Nacht geworden, ehe sie den Ankerplatz am Buder erreichten. Als sie dort ankamen, sahen sie zu ihrem Schrecken eine große Menge Fischerfahrzeuge, teils in der Bucht ankernd, teils in die innere Rinne hineinsegelnd. Ihre eigenen Schiffe aber sowie die Ufer ringsum waren mit Menschen, mit eben aus der See angelangten Fischern besetzt. In der Dunkelheit der Nacht konnten sie nicht sofort erkennen, ob die Neuangekommenen Freunde oder Feinde wären. Sie riefen ihnen daher das Losungswort der Liekendeler entgegen: »Gottes Freund und aller Welt Feind.«

Die Fischer antworteten anfänglich nicht. Die Schiffe, die bei ihrer Ankunft im Hafen ankerten, hatten sie sofort als die der berüchtigten Liekendeler erkannt. Sie warteten darum, bis die Mehrzahl ihrer Kameraden gelandet war und sie sich stark genug fühlten, dem Gesindel entgegenzutreten. Dann riefen die vom Heringsfang zurückgekehrten Sylter, denn das waren die neuangekommenen Fischer, den Seeräubern mit Allemann das derzeitige Losungswort der seefahrenden und Fische fangenden Inselfriesen zu: »Wo ein Aas ist, da sammeln sich die Adler!«

Nun wußten die beiden Parteien, woran sie waren. Die Liekendeler erkannten aber auch, daß sie in der Minderzahl waren und wagten daher kein Gefecht. Schnell versenkten sie die schwersten ihrer geraubten Güter ins Meer, ließen einen andern Teil in einer Dünenschlucht zurück und traten darauf mit den wertvollsten ihrer Schätze eilig den Rückzug nach Norden an. Die Sylter folgten ihnen nach, sobald sie ihre und der Feinde Schiffe gehörig vertäut und mit Wachen versehen hatten.

Der Letzte der zurückgekehrten Sylter, welcher mit vielem Gelde ans Land stieg, war Jakob Langsam. Er konnte eben seines vielen Geldes und seiner langsamen Natur wegen den übrigen nicht folgen. Um sich in der ihm wohlbekannten Gegend den Weg abzukürzen, ging er durch eine Dünenschlucht. Dort fand er mehrere von den zurückgelassenen Gütern der Räuber. Aus einem Sack hörte er leise wimmernde Töne wie von einem weinenden Kinde hervordringen. Jakob öffnete den Sack, und siehe – heraus kam seine geliebte, noch immer so blühende schöne Braut von ehemals. Er küßte und umarmte sie, und auch Kressen erwiderte seine Liebe mit Innigkeit, denn sie war ihm unter vielen Anfechtungen stets treu geblieben.

Sie erzählte ihm nun, was mit ihr und seiner Mutter, mit Alt-Rantum und Eidum während seiner Abwesenheit vorgefallen war. Auch er teilte ihr in Kürze seine Erlebnisse mit, daß er auf ehrliche Weise viel Geld verdient habe und solches jetzt heimbringe, um ihr und sein Glück damit zu begründen und der alten frommen Mutter die letzten Tage ihres Lebens angenehm zu machen. Beide freuten sich recht herzlich des Wiedersehens und ihres künftigen Glücks. Kressen half ihm nun seine schweren Geldsäcke tragen und versprach ihm, sich nie wieder in eine Katze zu verwandeln oder die Hexenkünste der Alten anwenden zu wollen. Arm in Arm gingen beide alsdann der Mutter und der Heimat im Wardüntale zu.

HERR GIERIG

Die übrigen Sylter Heringsfischer waren unterdes weit vorausgeeilt. Teils mochte ihre Sorge um die lieben Angehörigen daheim, teils ihr Eifer in der Verfolgung der Seeräuber sie zu ungewöhnlicher Eile anspornen. Sie mußten jedoch mit Vorsicht und Umsicht vorwärts schreiten und sich in den unwegsamen Dünen verteilen, um nicht in der Finsternis und in der wilden hügeligen Gegend von den Feinden überlistet zu werden. Einige Male verloren sie die Spuren der Räuber und waren im Begriff, wieder umzukehren, um nötigenfalls ihre Schiffe zu verteidigen, jedoch kamen ihnen alsdann ein paar ihrer gut abgerichteten Schiffshunde sehr zu statten, die ihnen vorauseilten oder sie umkreisten.

Am Puan Klent wurde der Zug der Sylter abermals unschlüssig, ob er weitergehen oder umkehren solle, da man im Sande ringsum keine nordwärtsgerichteten Fußtritte mehr finden konnte. Man stand daher einen Augenblick still und lauschte, ob nicht irgendein Geräusch die Feinde verraten würde. Aber kein Laut als das monotone Getöse der an der Westseite der Halbinsel auf den Strand rollenden Wellen war zu vernehmen.

Plötzlich rannten indes die vorausgeeilten Hunde unter schrecklichem Geheul von einer hohen Düne herab und mischten sich mit unverkennbaren Zeichen der Angst unter die Leute. Die Mutigsten der Sylter begannen sofort, den Gipfel des Berges zu ersteigen, um die Ursache des Schreckens zu entdecken. Allein sie fanden durchaus nichts, was ihnen Aufklärung zu geben vermochte. Die Sinne der Hunde mußten jedoch viel schärfer als die ihren sein, denn bei jedem Halt der Männer stimmten die Tiere wieder ihr Klagelied an.

Endlich, nachdem die Sylter mehrere Hügel und Hügelreihen überstiegen hatten, gewahrten sie, was ihre Hunde längst gewittert. In dem nordwestlichen Winkel des Wardüntales bewegte sich ein Licht, umgeben von einer Menge düsterer Gestalten, bei dem einsamen Hause der Witwe Merret Lüng. Einen Augenblick verschwand es hinter dem Hause, dann flackerte es einige Male hell auf und schien darauf erlöschen zu wollen. Plötzlich aber breitete es sich über eine große Fläche aus, und in weniger als zwei Minuten stand das ganze Strohdach des Hauses in lichten Flammen. Die düsteren Gestalten zogen sich alsdann von ihrem teuflischen Werke zurück und entwichen schnell in dem Schatten einer nahen Dünenschlucht weiter nach Norden.

Voll von dem Verlangen, der alten, blinden Witwe zu Hilfe zu kommen und sie von dem schrecklichen Feuertode zu erretten, stürzten jetzt alle im höchsten Grade entrüsteten Fischer nach dem brennenden Hause. Die schnellsten von ihnen kamen eben noch früh genug an der Brandstätte an, um mit eigener Lebensgefahr die arme Merret aus der Feuersnot zu erretten. Dann blieben die ältesten Fischer bei der Witwe zurück und führten sie, als aus ihrer Wohnung nichts mehr zu retten übrig war, den noch vorhandenen Hütten Rantums zu; die jüngeren aber verdoppelten ihre Schritte in der Verfolgung der Mordbrenner, der teuflischen Liekendeler.

Es war eine Kriegslist der Liekendeler gewesen, als sie, um einen tüchtigen Vorsprung vor ihren Verfolgern zu gewinnen, das Haus der Witwe im Wardüntale in Brand steckten. Sie hatten berechnet, daß die Löschung des Feuers die Sylter eine Zeitlang aufhalten und beschäftigen werde. Und wie sie gedacht hatten, geschah es auch. Die Sylter Fischer hatten noch nicht die vorspringende Dünenecke Großvlie überschritten oder umgangen, als die Liekendeler bereits bei der alten Ratsburg, welche jedoch nur aus einigen Mauerresten und einem ziemlich hohen Erdwall bestand, angelangt waren.

Als sie sich der Burg näherten, gewahrten sie auf dem Walle eine große schwarze Menschengestalt, die ihnen zu ihrer großen Verwunderung mit einer seltsam krächzenden Stimme ihr eigenes Losungswort zurief.

»Wer bist du? Wie heißt du?« fragten schnell die Schweden.

»Ich bin, wie ich sagte, Gottes Freund und aller Welt Feind. Wie ich heiße, ist einerlei«, antwortete der schwarze Mann. Er fügte hinzu: »Ihr werdet verfolgt und seid müde, wie mir scheint. Wollt ihr ein Versteck für euch und eure Schätze, so kann ich euch raten und helfen. Kommt nur zu mir herauf. Vielleicht ist es hohe Zeit, daß ihr euch verbergt, ehe eure Verfolger kommen und euch erschlagen.«

Noch zögerten die Räuber. Sie schienen dem freundlichen, aber dennoch so rätselhaften und unheimlichen Manne nicht recht zu trauen.

»Du gehörst nicht zu den Syltern, das merken wir an deiner Sprache; aber warum bist du ihnen feind?« sprach einer der Likendeeler.

»Stille!« rief der Schwarze, »eure und meine Feinde nahen. Kommt schnell herauf und verbergt euch.«

Noch zögerten die Seeräuber. Einer trat jedoch vor und fragte: »Warum antwortest du uns nicht redlich auf unsere Fragen?«

Der Schwarze kam jetzt auf einen Schritt näher und sprach mit einer so leisen Stimme als ihm möglich war: »Ich habe den Rantumern lange genug gepfiffen, aber sie wollten nicht tanzen nach meiner Pfeife. Jetzt sollen sie büßen. Kommt schnell herauf, sonst ist es zu spät.«

Und wirklich, es war hohe Zeit, daß die Liekendeler sich verbargen, denn ihre Feinde kamen schon mit großem Lärm um die Dünenecke Kleinvlie herum und konnten in zehn Minuten bei der Ratsburg sein.

Da öffnete der Schwarze, indem er einen großen, glatten Stein hinwegräumte, den Eingang zu einer gemauerten Kelleröffnung. Darin hatten einst die Limbecker, als sie auf Sylt und Föhr übel hausten und das friesische Volk zu unterdrücken strebten, Rats gepflogen, von welchem Umstande die sonst unbedeutende Burg eben den Namen Ratsburg erhalten hatte. Die Liekendeler schlüpften wirklich mit ihren Schätzen glücklich hinein in diese geheime Höhlung des Burgwalles; der Schwarze legte die Steine wieder auf die Öffnung und blieb dann auf dem Burgwalle stehen, die Ankunft der Sylter erwartend.

Indes stürmten die Verfolger mit großem Hallo heran. Als sie sich der Ratsburg so weit genähert hatten, daß sie die schwarze Gestalt auf dem Walle gewahrten, rief diese ihnen mit bekannter krächzender Stimme einige lateinische Worte zu, welche die Rantumer oft in ihren Kirchen gehört, jedoch nie verstanden hatten. Sie erkannten in der schwarzen Gestalt den Priester Georg Einerlei zu St. Marien in Rantum und raunten einander allerlei gehässige Redensarten zu.

»Das ist der heilige Mann zu St. Marien, der alle Sonntage in die leeren Stühle der Ratsburgkirche hinein ruft: ›Du Mius (Katze), wo bist du?‹ (Eine friesische Verdrehung der kirchlichen Begrüßungsworte: Dominus vobiscum = der Herr sei mit euch). »Das ist Herr Georg, der immer schilt auf Herrn Albert, den Prediger zu St. Peter, weil derselbe verheiratet ist gegen des Papstes Verbot und einen Sohn hat, den er studieren läßt.« »Das ist derselbe Herr Georg, dem es sonst einerlei ist, ob die Menschen Recht oder Unrecht, Gutes oder Böses tun, wenn sie ihm nur Opfer bringen und nachts mit ihm spielen und trinken wollen.«

»Das ist der falsche, habsüchtige Herr Gorig; er sollte Herr Gierig heißen, der alte Ekke Nekkepenn.«

Der Priester schien etwas von dem Widerwillen zu merken, welchen die Sylter Fischer gegen ihn hegten und nicht verbergen konnten. Er rief ihnen wiederholt mit großer Verstellung zu: »Seid willkommen zu Hause! Wo ein Aas ist, da sammeln sich die Adler! Seid herzlich willkommen, meine Freunde.«

»Wir danken, Herr Pastor«, antworteten die gutmütigen, gegen List und Betrug gewöhnlich schlecht bewaffneten Sylter. »Wo sind die Liekendeler, habt Ihr die nicht gesehen?«

»Ach ja«, sprach der heuchlerische Pfaffe. »Ich, euer Seelsorger, war euch bis hierher entgegengegangen, um euch bei eurer Rückkehr in die Heimat mit einem großen Unglück, das uns betroffen hat, bekannt zu machen. Hier auf der Burg sah ich von Süden einen Trupp Menschen sich nähern. Ich glaubte, daß ihr es wäret, da die Dunkelheit mich hinderte, gleich zu unterscheiden, ob es Freunde oder Feinde wären. Daher rief ich ihnen mein Willkommen und eure Losungsworte zu: Wo ein Aas ist, da sammeln sich die Adler. Kaum aber hatte ich diese Worte ausgesprochen, als ein Pfeil auf mich abgeschossen wurde, der mein Kleid streifte, so daß ich fliehen und mich verbergen mußte. Ich rief die heilige Mutter um Schutz und Hilfe an, und ich habe es ihr und der Finsternis zu verdanken, daß ich noch am Leben bin. Die gottlosen Liekendeler, welche es ohne Zweifel waren, die mein Leben in solche Gefahr gebracht haben, sind alsdann weiter nach Norden gezogen. Wohin, das kann ich euch nicht sagen. Danket Gott und der heiligen Jungfrau, daß die Heiden euch und mich nicht erwürgt haben. Denket nicht mehr an die Verfolgung der Räuber, sondern geht heim und tröstet die Eurigen, die noch von dem großen Unglück übrig sind.«

»Was ist geschehen, Herr Georg? Von welchem Unglück sprecht Ihr?« fragten jetzt in großer Angst viele der Fischer.

»Ach, liebe Freunde und Brüder, es liegt mir schwer auf dem Herzen, was ich euch zu sagen habe«, begann der Prediger. »Der allgerechte Gott hat lange mit Mißfallen bemerkt, daß ihr und die Eurigen in der Verehrung der Heiligen lässig geworden waret und daß alle Belehrungen, Ermahnungen und Drohungen, die ich, sein demütiger und gläubiger Diener, euch spendete, nichts gefruchtet haben. Da beschloß der Herr in seinem gerechten Zorn, seine Zuchtrute über euch zu schwingen. Er sandte seine grimmigen, strafenden Diener, die man nennt Sturm und Fluten, über unser ganzes Land, um es zu vernichten, und zwar, bemerkt es wohl, gerade in der Nacht vor dem Allerheiligentage, den ihr so oft unheilig gehalten habt.

Ich flehte zu der Mutter Maria und zu allen von euch so oft schwer beleidigten Heiligen, und sie ließen sich bewegen, den Herrn des Himmels um Gnade zu bitten. Und siehe, in der frühen Morgenstunde des Allerheiligentages zog der gnädige Gott seine Zuchtrute wieder von unserem Lande zurück, die Fluten verliefen sich. Aber fast das ganze Kirchspiel St. Peter, nämlich das ganze westliche Rantum samt der Westerseekirche, und fast das ganze Kirchspiel St. Nikolai oder Eidum sind durch die Wellen zerstört worden. Nur die kleine, so oft verschmähte und gering geachtete Kirche St. Maria, die Ratsburgkirche mit Neu-Rantum, Niebolum und Stinum steht noch. Von Eidum sind nur die Kirche und die sogenannten Enden übrig. Ihr sehet: der Herr kennt die Seinen und weiß sie zu beschirmen in jeglicher Gefahr, aber die Spötter und Verächter seiner Heiligen, die Gottlosen zerschmettert er. Selbst der Priester zu St. Peter, der gegen Gottes Gebot im Ehestande lebende Albertus von Kiel, liegt todkrank darnieder.

Jetzt gehet in Frieden!«

Als die Rantumer und Eidumer und die anderen Sylter Heringsfischer die Hiobspost und Strafpredigt des boshaften Priesters angehört hatten, vergaßen sie vorläufig die Verfolgung der Liekendeler. Sie verließen sofort den falschen Mann und die Ratsburg und eilten den Stätten der Verwüstung und den noch erhaltenen Wohnstätten der lieben Heimat zu.

Alle schwebten zwischen Furcht und Hoffnung, denn sie hatten Grund genug, an der Wahrheit des von dem Priester Gesagten zu zweifeln.

Nur die Hunde schienen anderer Meinung als die Fischer zu

sein. Sie hatten die Rede des Priesters ab und zu mit Gekläff und Geheul begleitet. Jetzt, als die Fischer weiter eilten, umkreisten und umschnüffelten sie noch immer den Burgwall, stimmten im Chor ein Klagelied an und stürzten dann kläffend und beißend auf den Priester, den sie nicht verlassen zu wollen entschlossen schienen. Endlich ließen sie von ihm ab und rasten ihren Herren nach.

Herr Gierig blieb mit finsteren Plänen zurück. Nicht um sie zu retten, hatte er die Liekendeler in die Höhle der alten Ratsburg gelockt. Ihre Schätze wollte er gewinnen. Kein einziger der Seeräuber hat je wieder das Tageslicht geschaut. Sie waren lebendig begraben.

Herr Albert genas nicht wieder. Seine Krankheit brachte ihm im folgenden Jahre den Tod. Als kurz darauf sein Sohn Hans Kielholt von Leipzig heimkehrte, fand dieser nicht allein, daß seine Heimat verwüstet und sein Vater gestorben war, sondern auch, daß der Priester Georg – wie es hieß, für den Papst – den ganzen Nachlaß seines Vaters sich angeeignet hatte. Von all den Reichtümern seines Vaters fand der Sohn nur noch eine Nachtmütze und ein Paar Handschuhe vor.

DAS FISCHERDORF IM KRESSEN-JAKOBS-TAL

Der böse, habsüchtige Priester Georg, den die Rantumer gewöhnlich Gorig Likfuul, d. h. Georg Einerlei, auch wohl Ekke und zum Spott Herrn Gierig nannten, hatte gedacht, die übriggebliebenen Alt-Rantumer für seine kleine, von der Flut verschont gebliebene Gemeinde zu gewinnen. Aber die Alt-Rantumer waren von seinen Hexenkünsten und Teufeleien überzeugt. Sie zweifelten nicht mehr daran, daß er an dem Untergange ihrer Heimat schuld sei. Auch wurde bald bekannt, daß er die Liekendeler in eine Höhle der alten Ratsburg gelockt oder gebannt hatte, um ihre Schätze zu gewinnen. Die Rantumer waren daher sehr erbittert auf ihn und wollten nichts mehr mit ihm und seiner Kirche zu tun haben. Sie schwuren ihm ewige Feindschaft und zogen so weit nach Süden auf der Halbinsel Hörnum, als sie kommen konnten. Dort bauten sie sich Erdhütten und wohnten seit der Zeit an dem Hafen oder der Renne am Buder. Eigentlich hießen die Erdhütten »de Buuder«, wovon alsdann der hohe Sandberg dort den Namen erhalten haben soll.

Da nur eine Frau, nämlich Kressen Jakobs, die Frau des Jakob Lüng oder Jakob Langsam, mit ihnen nach dem Buder gezogen war, so nannten sie das Tal, in dem sie ihre Hütten errichteten, nach ihr das Kressen-Jakobstal, wie es noch heute heißt.

Die alte Mutter des Jakob Lüng soll in Rantum gestorben sein, ehe die Ansiedelung der Alt-Rantumer im Kressen-Jakobstal vor sich ging.

Obgleich die südliche Hälfte Hörnums schon damals durch den Sandflug verwüstet und zum Ackerbau untauglich war, schien es den Alt-Rantumern doch anfänglich an ihrem neuen Wohnorte recht wohl zu gefallen. Im Frühling, Sommer und Herbst waren sie mit dem Fischfang beschäftigt. Sie fischten übrigens nicht bloß Heringe bei Helgoland, sondern zu gewissen Zeiten im Jahre auch Schellfische oder Wittlinge in der sogenannten Fischgrube im Westen von Sylt, Kabeljaue etwas näher am Lande, Rochen und Tepel am Ufer, Schollen auf den Watten und im Meere. Ja, sie schlugen selbst im Winter mitunter Robben auf den Sandbänken und fingen Austern in den Wattströmen und Hasen in den Dünen.

Aber einst kam ein sehr stürmischer Winter. Viele Schiffe wurden bei Hörnum auf den Strand geworfen, wodurch die Fischer zu Strandräubereien verlockt wurden. Ein anderes Mal stellte der Frost sich im Herbste sehr früh ein und hinderte die Fischer in ihrem Gewerbe, so daß sie viele müßige Tage und Abende hatten. Da blieben sie nicht länger die genügsamen und zufriedenen Menschen wie früher.

Ehe man es sich versah, schwärmten bei Nacht und Nebel

einige Hörnumer »Halevjunkengänger« auf Sylt umher, nicht etwa bloß in den westlichen Dörfern, sondern selbst bis zu den entferntesten Wohnungen der Insel. Überdies klagte man bald über ihren Mutwillen und nächtlichen Unfug. Es wurde übrigens fast alles Unnütze, das in der Nacht auf Sylt geschah, damals den Hörnumer Fischern oder Kressen Jakobs sogenannten Söhnen zugeschrieben, mochten sie es getan haben oder nicht.

Wie es schien, waren sie stets lustig und schlimm genug zu allem, was nichts taugte. Sie pflegten zu singen:

Frei ist der Fischfang,
Frei ist die Jagd,
Frei ist der Strandgang,
Frei ist die Nacht,
Frei ist die See, die wilde See
Und die Hörnumer Reede.

Es kamen nicht selten lockere Gesellen aus anderen Gegenden der Insel den Hörnumer Nachtschwärmern bei ihren Streichen zu Hilfe, gerieten jedoch noch öfter mit ihnen in Streit und vermehrten dadurch den nächtlichen Lärm. Besonders war das oft der Fall, als die Mädchen auf Sylt erklärten, daß die langbeinigen Fischerjungen und Dünenläufer vom Kressen-Jakobstal raschere und hübschere Kerle wären als alle übrigen Halevjunkengänger. Die schönen Mädchen von Rantum, Stinum und Niebolum und die niedlichen Hexen von Dunsum auf Föhr suchten sogar Kressen Jakobs muntere und kecke Söhne in den Hörnumer Dünen auf und begegneten ihnen besonders oft in einem schönen Dünental bei Rantum, das seit dieser Zeit den Namen Taatjemglaat, d. h. Küssetal, führt.

Verheiraten aber konnte sich keiner der Hörnumer, daran war nicht zu denken. Sie hatten keine ordentlichen Wohnungen, kein Vieh, keine Gärten, keine Äcker. Ihre ärmlichen Hütten waren aus Gras- oder Erdsoden aufgeführt und hatten eine Länge von zwölf bis sechzehn Fuß und eine Breite von sechs bis acht Fuß. An dem einen Ende führte eine niedrige Türöffnung in das Innere, und in der Ecke neben dem Eingang lag der offene Feuerplatz; an der Längsseite befanden sich die dürftigen Schlaf- oder Lagerstätten. Sehr oft konnten die Bewohner dieser Erdhütten sich im Winter nur notdürftig ernähren, und im Frühling fiel es ihnen meist schwer, sich wieder für den Fischfang auszurüsten. Es gebrach ihnen an eigenen Fischerfahrzeugen, Netzen und anderen Geräten, weshalb viele sich alljährlich bei fremden Fischern als Gehilfen oder Matrosen verdingen mußten, am häufigsten auf Helgoländer Fischerfahrzeugen.

Nur Jakob Lüng hatte ein ordentliches Haus im Kressen-Jakobstal, und ein freilich altes, aber noch immer starkes und brauchbares größeres Schiff, das er ohne Zweifel von seinem Vater geerbt hatte. Auch hatte er Geld genug, um im Notfalle den übrigen Hörnumer Fischern damit zu Hilfe zu kommen. Im übrigen lebte er still und eingezogen mit seiner Frau in dem Dünental, ging seinen Geschäften als Fischer nach, sprach wenig und tat zu Hause und auf dem Lande seiner Natur gemäß nicht allzuviel. Er kümmerte sich wenig um das Tun und Treiben anderer Menschen und kam selten nach anderen Dörfern der Insel.

Eines Jahres schenkte seine Frau ihm einen kleinen Sohn, den er Peter taufen ließ. Sonst gab es für den derzeitigen einzigen Prediger in Rantum, nämlich Herrn Einerlei, in dem neuen Fischerorte am Buder auf Hörnum in vielen Jahren nichts zu tun. Trauungen und Kindtaufen kamen dort nicht vor, und Beerdigungen pflegten auf dem Meere oder in aller Stille auf alten Kirchhöfen in den Dünen zu geschehen. Zur Kirche und zum heiligen Abendmahl gingen die Hörnumer Fischer nicht; Beichte und Ablaß, Heiligen- und Bilderverehrung waren ihnen vollends zuwider; Fegefeuer und Hölle schienen sie nicht zu fürchten; priesterliche Drohungen und Bannflüche aber verlachten sie. Kurz, sie lebten so ziemlich wie die Heiden.

Als der Priester Georg durch Drohungen und Bannsprüche nichts bei ihnen ausrichtete, versuchte er, durch Schmeicheleien einige Opfer und Zehnten von ihnen zu gewinnen. Gegen glatte Worte schienen die rohen Fischer unbewaffnet zu sein. Nachdem der habsüchtige Priester sie wiederholt aufgefordert hatte, ihm statt der Geldgebühren einen Teil ihrer gefangenen Fische zukommen zu lassen, konnten sie, wie es schien, nicht länger widerstehen und versprachen, ihm zu willfahren.

Eines Tages kam ein Mann mit einem großen, schweren Sack auf dem Rücken zu Herrn Georg, zu ihm sagend, daß er von seinen Kameraden, den Hörnumer Fischern, dem Herrn Pastor einen Teil ihres Rochenfanges bringen solle. Der Priester wurde froh und gab dem Bringer einen Trinkpfennig. Nachdem der Mann sich schnell entfernt hatte, öffnete Herr Gierig erwartungsvoll den Sack. Allein, wie wurde er enttäuscht und erbittert! Der Sack enthielt lauter Stacheln von Giftrochen, welche Fische damals sehr häufig bei Hörnum gefangen wurden. Das hatte Herr Gierig den Hörnumern nicht zugetraut. Sein Ingrimm gegen sie war grenzenlos. Er sah nun ein, in Güte sei ebensowenig wie durch Drohungen etwas bei den Fischern auszurichten.

Er verklagte nun die gottlose Herde, deren Hirte er sein sollte, bei dem Papst in Rom. Als dessen Befehle und Bannflüche bei den Halsstarrigen auch nichts wirkten, wendete er sich an den König von Dänemark mit der Bitte, Vögte zu senden, um die unbußfertigen Fischer und Strandräuber auf Sylt zu bändigen. Und siehe, seine Bitte wurde erfüllt.

Es waren zu dieser Zeit in Eiderstedt, auf Nordstrand und Föhr Land- und Strandvögte angestellt worden. Aber an das entlegene Sylt hatte man bisher noch nicht gedacht, am allerwenigsten daran, daß in Rantum ein Strandvogt sein müsse. Auf solche Weise bekamen die Sylter zuerst Vögte. Ob der erste Strandvogt in Rantum, wie so viele spätere, Niß geheißen hat, weiß man nicht, und ebensowenig, wer der erste Landvogt auf Sylt gewesen ist, denn es ist sehr lange her. Aber es heißt von den ersten Vögten, daß die Leute, und besonders die Hörnumer Fischer, nichts nach ihnen fragten und ihnen nicht gehorchen wollten.

Der alte Pastor Gorig aber verklagte jetzt die ungehorsamen

Hörnumer bei dem Amtmann in Tondern. Es war damals ein tyrannischer Amtmann daselbst, der Henning Pogwisch hieß. Dieser Mann plagte die Bauern schrecklich. Wenn einer nicht so viele Steuern bezahlen konnte oder wollte, wie er verlangte, so ließ er ihm Nase und Ohren abschneiden. Der Amtmann hatte mehrere Söhne, die an Grausamkeit und Hochmut alle dem Vater ähnlich waren. Einer davon wurde nun mit einigen Fußknechten und dem Henker von Tondern nach Sylt gesandt, um die Hörnumer Fischer zu bestrafen und den Sylter Vögten sowie dem Prediger zu Rantum bei den Einwohnern Achtung zu verschaffen.

LIEBER TOT ALS SKLAVE

Ich will euch jedoch zuvor etwas von dem Sohne des Jakob Lüng erzählen, von Pidder Lüng. Als er noch klein war, hatten die Fischer ihn oft zum Besten, um ihren Spaß mit ihm zu haben. Sie logen ihm im Scherz allerlei vor, was der kleine, unschuldige Peetji anfänglich glaubte. Wenn er zuletzt entdeckte, daß sie ihm etwas weisgemacht hatten, lachte man ihn noch dazu aus. Dadurch wurde der Junge mißtrauisch.

Schließlich war er so widerspenstig und hartnäckig geworden, daß er niemals ja, sondern immer nein sagte zu allem, was man von ihm verlangte. Nur gegen seine Mutter, gegen ein weinendes Kind, gegen die seufzende und darbende Armut, gegen den Jammer und das Elend der Menschen konnte er nicht nein sagen. Da war es, als wenn ihm das Herz vor Mitleid brechen und als ob er sich für die Leidenden aufopfern müßte.

Er war unterdes groß und stark geworden und half bereits beim Fischfang; aber er lief nicht mit den andern Fischern in der Nacht umher, um tolle Streiche auszuüben, sondern ging gewöhnlich für sich allein in den Dünen auf Hörnum.

Eines Abends bei hellem Mondschein und mildem Wetter stand er einsam und in Gedanken vertieft im Wardüntal auf der Stätte, wo das Haus seines Großvaters einst gewesen. Es war um die Zeit, als der Priester Georg besonders ingrimmig gegen die Hörnumer wütete, als er veranlaßt hatte, daß die Vögte gekommen waren, welche die alten Freiheiten und Rechte der Sylter zu unterdrücken strebten. Da kam es ihm vor, als ob eine händeringende, weinende Gestalt auf dem Herdsteine des alten, verbrannten Hauses säße. Je länger er die Gestalt anschaute, desto bestimmtere Züge nahm sie an, desto mehr überzeugte er sich, daß er ein wirkliches Wesen vor sich sah.

«Wer bist du?» fragte er endlich.

«Ich bin die Stavenhüterin. Wo fromme, freie Menschen gewohnt haben, da bewache ich die Stätte, wo sie geweilt, damit der Ort nicht durch Lug und Trug, durch Unrecht und Unterdrückung entweiht werde. Oh, daß Jens Lüng noch lebte in dieser Zeit.«

»Warum?« sprach Peter, »Jens Lüng war mein Großvater.«

»Ach«, sprach das händeringende Weib, »möchtest du ihm ähnlich sein, zu wehren mit festem männlichem Sinn dem Greul der Verwüstung, der über Friesland immer mehr hereinbricht, und zu retten von den Tugenden und Freiheiten der Vorfahren, was noch zu retten ist, oder, wenn du nicht siegen kannst, wie ich fürchte, im Kampfe unterzugehen nach alter Weise, denn: Lewer duar, üs Slaav!«

Peter schwur tief erschüttert: »Ja, lewer duar, üs Slaav! Ich will in die Fußtapfen meines Großvaters treten, so gut ich es kann und verstehe, so wahr mir Gott helfe!« Darauf verschwand die Fee, die edle Stavenhüterin, welche die Rantumer das Staademwüfki nennen, die aber später immer seltener den Menschen auf Hörnum erschienen ist. Einige meinen, sie sei der Geist der tugendhaften Ellen gewesen, der Tochter von Jens Lüng.

Damals gingen unterdes Jahre hin und änderten nichts. Eines Tages aber hatte Peter, der jetzt schon 26 Jahre zählte, eine Tracht Kohl heimgetragen, denn seine Eltern aßen besonders gern Grünkohl. Da dieses Küchengewächs auf Hörnum nicht gedeihen wollte, hatte Peter den Eltern zuliebe eine große Tracht davon in Westerland geholt, wo die Familie Freunde hatte. Die

Mutter kochte den Kohl am folgenden Tage, und alle drei freuten sich auf das Gericht.

Eben hatten sie sich an den Tisch gesetzt, um sich die dampfende Speise wohlschmecken zu lassen, da öffnete sich die Tür ihres Hauses, und es trat ein vornehmer junger Mann in kostbarer Kleidung herein. In seinem Gefolge waren der alte falsche Pastor Georg, der Landvogt der Insel und der Strandvogt von Rantum.

Der vornehme Herr grüßte nicht, sondern sagte: »Wohnt hier das Gesindel, das Gott und der hohen Obrigkeit trotzt?«

Die alte Kressen ließ vor Schreck den Löffel fallen, Peter knirschte vor Wut mit den Zähnen. Nachdem der langsame alte Jakob sich besonnen hatte, antwortete er: »Wir sind kein gottloses Gesindel, wir sind ehrliche Fischerleute und niemand etwas schuldig. Wer seid Ihr aber, der Ihr in das Haus eines freien Friesen einzudringen wagt, wie es scheint, nicht in guter Absicht?«

»Wer ich bin, alter Trotzkopf, das will ich dir gleich zeigen. Ich bin hierhergesandt im Namen Sr. Majestät des Königs Christian I. und meines Herrn Vaters, des Amtmannes Henning Pogwisch in Tondern, um euch eures Ungehorsams wegen zu strafen und alles andere trotzige und hochmütige Gesindel hier auf Sylt zu bändigen. Ihr scheint hier noch keine Ahnung davon zu haben, welche Gewalt die Obrigkeit besitzt, noch wie ihr euch als Untertanen gegen sie zu verhalten habt. Das will ich euch lehren, ihr freien friesischen Kohlfresser, die ihr euch erfrecht, Abgaben mit Rochenstacheln zu bezahlen.«

Georg schien tief gerührt zu sein über diese Worte und setzte feierlich hinzu: »Was der Diener Gottes lehrt und die hohe Obrigkeit tut, ist alles recht und alles gut!«

Den jungen Pogwisch überkam bei diesen Worten eine starke Anwandlung zum Husten und zugleich eine unwiderstehliche Neigung, seinem Spott und einer hochmütigen Laune Luft zu machen. Er spuckte in dieser unglücklichen Aufwallung in die Kohlschüssel der Friesen.

Da war die Geduld des jungen, bisher stille gebliebenen Pidder Lüng zu Ende. Glühend vor Zorn stand er auf. Alle Glieder zitterten ihm. »Wer in den Kohl spuckt, soll ihn fressen!« rief er. Mit riesiger Kraft erfaßte er den Nacken des jungen Pogwisch und drückte ihm das Gesicht in den heißen Kohl, bis der junge Tyrann erstickte.

«Um Gott, was machst du?» schrie Herr Georg. Jakob Lüng und seine Frau erblaßten. Die beiden Vögte nahmen feige die Flucht.

Jetzt erst wurde es draußen lebendig. Die mitgekommenen Fußknechte, Henker und Diener hatten sich, während das eben Erzählte in dem Hause des Jakob Lüng vorgefallen war, über die hölzernen, galgenähnlichen Gerüste der Fischer lustig gemacht, an denen die Rochen und andere Fische zum Trocknen aufgehängt waren. Spottend hatten sie gesagt: »Seht, da sind die Galgen für die Strandräuber schon fertig.« Sie hatten die ungestalteten, übelriechenden Rochen bereits niedergerissen, um den Fischern Platz zu machen.

Doch diese waren noch nicht gefangen und nicht gewillt, sich von einer Handvoll Landsknechte gutwillig greifen und hängen zu lassen. Einer von ihnen rief: »Sie wollen wieder Abgaben haben. Wartet nur, wir bezahlen mit Rochenstacheln!«

Eiligst schnitten sie ihren Rochen die stacheligen Schwänze ab und fielen mit diesen gefährlichen Waffen über die Knechte des Amtmannes her, hieben ihnen die Köpfe und den Rücken wund und jagten sie in die Flucht.

Jetzt kamen die Vögte und der Priester aus dem Hause des Jakob Lüng, und zwar erstere in großer Angst. »Seid ihr blind, oder könnt ihr sehen?« riefen die tollen Fischer ihnen zu.

»Wir sind blind und geschlagen, wir sehen nichts!« antworteten die feigen Vögte.

»Ich verfluche euch in die Hölle, ihr Heiden!« schrie der Priester.

»Aha«, riefen die Fischer, »da ist der Herr Gierig auch, den müssen wir blind machen!« »Nein, wir wollen ihm die Zehnten geben von den Rochenschwänzen!« »Hört, seid nicht karg gegen ihn, gebt ihm reichlich!«

Unter solchen Ausrufen hieben die erbosten Hörnumer dermaßen auf den falschen Priester ein, daß die giftigen Stacheln ihm die Haut von den Knochen rissen und zum Teil in dem Fleisch stecken blieben. Nur mit genauer Not kehrte der unglückliche Georg lebendig nach Rantum zurück.

So ging es, bei den Raben, damals auf Hörnum zu.

»Wer in den Kohl spuckt, soll ihn selbst aufessen«, ist ein noch oft gebrauchtes Sylter Sprichwort. Es erinnert uns an Pidder Lüngs Freiheitstat, der es seinen Ursprung verdankt.

DIE FLUCHT VOR DEN HÄSCHERN

Nach diesem Aufruhr auf Hörnum wurde es eine Zeitlang sehr still. Die Leiche des jungen Pogwisch wurde von den Hörnumern halbwegs nach Rantum gebracht. Von dort holten die Diener des Amtmannes sie ab. Sie waren der Meinung, daß der junge Herr vor Zorn an einem Schlagflusse gestorben sei, weil er keine Verwundungen an seinem Körper hatte. Doch scheint das Gerücht von dem Morde ungeachtet der Verschwiegenheit der beiden Vögte, die, wie man sagte, zwei alte eingeborene Schlafmützen waren, dennoch bekannt geworden zu sein, denn Pidder Lüng konnte sich später viele Jahre lang nicht wieder auf Sylt sehen lassen. In dem Ewer seines Vaters fuhr er von Hörnum weg auf die See und in die Fremde, und man hörte lange nichts von ihm. Viele der Fischer folgten ihm nach, mindestens hieß es so.

In der Fremde gesellten sich allerlei andere flüchtige Leute zu ihnen, besonders von Nordstrand und Husum, wo ebenfalls damals ein Aufstand gewesen war. Diese vielen Menschen trieben sich dann jahrelang umher, bald als Fischer, bald als Seeräuber, bald als Stranddiebe. Auf Amrum und Hörnum ließen sie sich öfters sehen, schienen aber Helgoland ganz besonders als ihre Zuflucht zu betrachten und zu benutzen.

Als der böse Amtmann erfuhr, wie es seinem Sohn und seinen Dienern auf Sylt ergangen war, wurde er sehr traurig, aber nicht weniger zornig. Er ließ alle Fußknechte und Soldaten von dem ganzen Amte zusammenkommen und sandte sie mit den strengsten Befehlen, die Hörnumer Fischer und Stranddiebe tot oder lebendig nach Tondern zu bringen, nach Sylt.

Pidder Lüng und alle schuldigen Fischer waren jedoch bereits auf das Meer entflohen. Nur einige alte, schwache Leute, und unter ihnen auch Jakob Lüng und seine Frau, waren noch auf Hörnum. Durch die Rantumer erfuhren sie, daß die Knechte des Amtmannes gekommen waren, um die Hörnumer Aufrührer zu fangen. Da mußten auch sie sich zur Flucht rüsten.

Jedoch Jakob Lüng wollte nicht. Seine Frau sagte zu ihm: »Wenn die Dänischen die Schuldigen nicht finden, so werden sie die Unschuldigen mitnehmen und büßen lassen. Wir müssen fliehen.«

»Ich mag nicht fliehen, ich laufe vor niemand«, antwortete Jakob.

»Aber, lieber Mann, sie werden dir das Leben nehmen«, sprach Kressen.

«Nun, laß sie, ich bin alt genug zum Sterben«, war die Antwort.

Als die Frau sah, daß ihr Mann unbeweglich blieb, ging sie hinaus, um mit den Nachbarn zu sprechen. Erst gegen Abend kehrte sie wieder heim. Sie zündete die Lampe an und legte ihre Kleider und die notwendigsten Sachen bereit wie zur Flucht, sprach aber nicht mehr mit ihrem Manne davon. Kaum war sie fertig, da wurde heftig an die Haustür geklopft. Kressen blies schnell die Lampe aus und ging nach der Tür, um aufzumachen.

Die hereintretenden Männer sprachen dänisch, harte und rauhe Worte, welche die beiden Eheleute nur teilweise verstanden. Mit leichter Mühe banden die rauhen Fremdlinge dem alten, langsamen Jakob die Hände und führten ihn samt seiner widerstrebenden Frau aus dem Hause fort.

Die Gesellschaft wanderte schweigend durch die Dünen nach dem Meere und dann längs dem westlichen Strande nordwärts. Nach ungefähr drei Stunden stiegen alle, noch immer schweigend, wieder über die Dünen. Sie waren in einer dem stumpfsinnigen Jakob wildfremden Gegend. Mitten in einem wilden, ziemlich verborgenen Dünenkessel standen die Reste eines alten, im Sande halbbegrabenen Hauses. Man klopfte hier an. Ein kleiner, buckliger Mann, den die Begleiter oder Entführer des alten Ehepaares in der Sylter Sprache anredeten und den sie Pua nannten, öffnete leise die Tür, ließ alle ein und schloß leise wieder zu.

Am folgenden Morgen stürmten die tondernschen Häscher nach Hörnum, fanden aber das Nest leer. Sie zerstörten das Haus des Jakob Lüng, nachdem sie es geplündert hatten, und auch die übrigen Hütten, die aber nicht viel zum Besten hatten, plünderten sie. Darauf begannen sie, alle Dörfer und Schluchten der Insel nach den geflohenen Aufrührern zu durchsuchen. Sie forderten alle wohlgesinnten Sylter auf, ihnen zu Hilfe zu kommen. Es waren aber keine ihnen wohlgesinnte Sylter zu finden als der Priester Georg. Der lag jedoch im Sterben und konnte ihnen nichts mehr nützen. Jetzt wollte man die Hilfeleistung erzwingen, allein die Sylter waren und blieben widerspenstig und rührten sich nicht. Sie schienen eher geneigt zu sein, allesamt die Rochenschwänze in die Hand zu nehmen, um die regiersüchtigen Fremdlinge zu verjagen.

Unterdessen kamen für die Dienstleute des Amtmannes, ehe sie den Zweck ihrer Sendung erreichen konnten, schlimme Nachrichten vom Festlande. Als die tondernschen Geest- und Marschharden des Festlandes von den dienstbaren Geistern des tyrannischen Amtmannes entblößt waren, begannen die Bauern auch dort, trotzig zu werden. Sie wollten keine Steuern mehr bezahlen und machten Miene, nach Tondern zu gehen, um den bösen Amtmann zu erschlagen. Jedoch der König Christian, der den Unfrieden merkte und die Grausamkeiten des Amtmannes und seiner Söhne nicht länger dulden wollte, kam den Bauern zuvor. Er ließ den Amtmann absetzen und samt seinen Söhnen gänzlich aus dem Reiche vertreiben.

Infolgedessen wurden die Sylter unerwartet von den ihnen lästigen Fußknechten und Soldaten erlöst. Sie mußten aber von dieser Zeit an zur Strafe für den Mißbrauch der Rochenschwänze und Rochenstacheln alle Jahre eine besondere Steuer bezahlen, die sogenannte Rochensteuer.

Man konnte eine Zeitlang nicht erraten, wo die auf Sylt zurückgebliebenen Hörnumer verborgen waren. Allein, als die Gefahr vorüber war, kamen sie wieder zum Vorschein, und da zeigte es sich, daß sie eine Zuflucht gefunden hatten bei einem Manne, der Pua hieß. Dieser wohnte einsam in dem noch jetzt bekannten Dünental, das nach ihm Puanstööwen heißt und südwestlich von dem jetzigen Westerland in der Gegend des alten Eidums liegt. Sein Haus war in der Flut, welche Alt-Rantum und Eidum zerstörte, übriggeblieben.

Jakob Lüng und seine Frau nahmen ihren Wohnsitz in Rantum und sind dort auch gestorben. Ohne eigentlich krank gewesen zu sein, soll Jakob während seiner letzten Lebensjahre stets zu Bett gelegen haben. Die meisten der Alt-Hörnumer Fischer scheinen aber in der Folge wieder ihre alte Heimat am Buder aufgesucht und bewohnt zu haben, doch blieben auch einige in den westlichen und mittleren Dörfern Sylts.

Dem Priester Georg brachten seine Wunden bald den Tod. Als er sein Ende herannahen fühlte und nicht mehr gehen konnte, soll er auf Händen und Knien nach dem Keller der Ratsburg zu seinen Schätzen und den Gebeinen der Liekendeler gekrochen und in diesem selbstgewählten Grabe gestorben sein. Doch scheinen die derzeit lebenden Rantumer sein Grab nicht gekannt zu haben, obgleich sie ihn noch lange nach seinem Tode in dunklen Nächten als Gespenst auf dem Wall der alten Burg gesehen haben wollen. Einst soll er als Gespenst die in der stets offenstehenden Marienkirche zu Rantum spielenden Kinder, als die Nacht kam, aus der Kirche gejagt haben. Nach diesem Ereignis wurde das Gotteshäuschen nur an Sonntagen geöffnet.

PIDDER LÜNGS TOD

Erst nach langer Abwesenheit kehrte Pidder Lüng nach seiner Heimatinsel zurück. Aber er galt noch immer, selbst bei vielen seiner Landsleute, für einen verdächtigen Flüchtling, für einen sich selbst verbannenden Verbrecher. Er fühlte sich daher durchaus nicht sicher auf Sylt und konnte sich auf dem Festlande nicht sehen lassen, obgleich der tyrannische Amtmann Pogwisch längst vertrieben war. Zu seinem und seiner Genossen Schutz ließ er die alte Rantumburg aufs neue befestigen. Bei dieser Gelegenheit fand er eine Menge vergraben gewesener Schätze.

Jetzt hatte er die Mittel in Händen, für sich und seine ihm sehr ergebenen Kameraden besser als früher zu sorgen und eine größere Flotte ausrüsten zu können. Schnell und leicht sammelte er noch mehr Flüchtlinge und Landsleute um sich und bemannte seine Schiffe. Dann machte er seine Leute bekannt mit seinen Plänen: »Wir wollen kämpfen für die Einheit und die Freiheit des friesischen Volkes. Alle Schiffe der Völker, Fürsten und Städte, welche die Friesen zu unterjochen oder zu besteuern strebten, wollen wir bekriegen, wegnehmen oder zerstören. Wir sind von jetzt an vogelfrei. Das Meer ist nunmehr unsere wahre Heimat und unser Acker, auf dem allein wir wohnen, pflügen und ernten können. Sobald wir das Festland betreten, warten unser Galgen und Rad. Galgen und Rad sollen daher das Zeichen sein, unter dem wir kämpfen wollen. Bei diesem Zeichen gelobt mir Treue.«

Zur beständigen Erinnerung an ihr Versprechen ließ Peter jedem seiner Schiffsleute das Zeichen eines Galgens und eines Rades auf die Kleider nähen. So ausgerüstet, fuhr er mit seiner Flotte auf die See hinaus.

Die Helgoländer Bucht, die Mündungen der Elbe, Weser, Eider und Jade, die holländischen und dänischen Küsten waren die Hauptschauplätze der Taten dieser Freibeuter, die viele Jahre hindurch die Nordsee beunruhigten. Sie kämpften übrigens nicht allein mit den Kriegsschiffen der Dänen, Holländer und

Hansastädte, sondern sie plünderten auch die friedlichen Handelsschiffe und Fischerfahrzeuge dieser Nationen. Wenn zwischen anderen streitenden Mächten ein Seegefecht stattgefunden oder ein Sturm unter den segelnden Schiffen aufgeräumt hatte, hielten sie Nachlese.

In Zeiten der Not waren die Sandbänke, Dünen und kleinen Inseln ihre Zufluchtstätten und Schlupfwinkel. Ihre Hauptsammelplätze waren aber Helgoland und der alte Freihafen auf Hörnum, woselbst sie auch Winterquartier zu halten pflegten. Lange Zeit schien das Glück dem Freiheitskämpen Peter von Hörnum günstig zu sein. Wegen seiner Kühnheit und seiner persönlichen Stärke sowie der Menge seiner Kampf- und Raubgenossen wegen fand der furchtbare Seeheld selten nachhaltigen Widerstand. Je höher nun sein Glücksstern stieg, desto größer wurden auch sein Mut und sein Stolz. Indessen erlitt seine Flotte in kurzer Zeit mehrfältig Verluste durch Stürme und Seegefechte, denn seine bisherigen Erfolge hatten ihn nicht bloß übermütig, sondern auch sicher und sorglos gemacht. Nach einem großen Verlust an Schiffen, Mannschaften und Vorräten landete Peter wieder auf Hörnum. Dort fand er vieles verändert; seine Schanze bei Rantum war sogar zerstört. Peter fragte die Rantumer, wer es gewagt habe, so eigenmächtig zu handeln. Man nannte ihm den Strandvogt Erk Mannis zu Westerland und die übrigen Land-, Strand- und Bauernvögte der Insel.

Da gingen ihm die Augen auf, daß jetzt oder nie die Macht der Vögte gebrochen werden müsse. Er sammelte daher seine besten und treuesten Leute und marschierte mit ihnen nach Westerland. Hier ließ er seine Mannschaft plündern und ging selber mit sieben Mann zu Erk Mannis, um ihn für die Zerstörung seiner Schanze zu bestrafen.

Der Strandvogt war aber ein kluger und entschlossener Mann, er stellte sich freundlich gegen die Eindringenden, lud sie zu Tisch und bewirtete sie mit dem Besten, was seine Küche und sein Keller enthielten. Jedesmal, wenn Pidder Lüng von der Burg zu sprechen anfangen wollte, holte Erk Mannis wieder frischen Vorrat aus dem Keller und setzte eine Flasche noch besseren Weines vor seinen Gast. Dieser trank daher samt seinen Leuten, bis alle betrunken auf der Diele lagen.

Eilig nun ließ der Strandvogt alle waffenfähigen Einwohner von Westerland und Tinnum zusammenrufen. Mit ihrer Hilfe schlug er die meist einzeln in den Dörfern umherstreifenden Räuber in die Flucht. Die für ihr Eigentum tapfer fechtenden Sylter sangen dabei:

»Dat geit darna to mit alle Mann
Mit Bössen, Schwert und Forken.
De hier nich fechten will un kann,
Dat sind wol rechte Schorken!«

Nachdem sie die Mehrzahl der Räuber verjagt hatten, wandten sie sich nach der Wohnung des Strandvogts. Pidder Lüng erholte sich schnell von seinem Rausch, als er Gefahr bemerkte. Da die Möglichkeit zur Flucht ihm und seinen Genossen abgeschnitten war, so verrammelte er die Türen des Hauses aufs beste und beschloß, sein Leben so lange als möglich zu verteidigen.

Die das Haus bestürmende Menge versuchte unterdes, die Türen aufzubrechen, um sich der Räuber zu bemächtigen. Als es nicht gelingen wollte, stieg man auf das Dach und bahnte sich durch dasselbe einen Weg. Nach verzweifeltem Widerstande wurden Pidder und seine Genossen endlich überwältigt.

Die Gefangenen stellte man alsdann vor das Gericht des Sylter Rates. Mit Widerstreben, wie es heißt, sprach dieses nach dem alten friesischen Gesetz das Todesurteil über die Seeräuber aus. Nach einigen Tagen wurde Pidder Lüng samt sechs seiner Mitschuldigen wirklich auf dem Galgenhügel auf der Heide bei Munkmarsch aufgeknüpft. Den achten der gefangenen Räuber, einen Knaben, ließ man seiner Jugend wegen laufen. Aus Rache steckte dieser später das Haus des Erk Mannis in Brand.

Das war also das traurige Ende des feurigen Jünglings, der einst geschworen, in die Fußtapfen seines Großvaters Jens Lüng zu treten; das war das Ende des heldenmütigen Hörnumers, der mit dem edlen Vorsatz, für die Freiheit seines Volkes zu kämpfen und zu siegen, oder zu sterben, einst seine Laufbahn angetreten hatte. Wenn auch die Mittel, die er zur Erreichung seiner Absichten gewählt hatte, nicht die rechten gewesen sind, so war er doch treu geblieben seinem hohen Vorsatz und dem Wahlspruch seines Volkes: Lewer duar üs Slaav!

Der Galgenhügel, das vermeintliche Grab des Seeräubers und Freiheitshelden Pidder Lüng, liegt an der Nordseite des Tales Jükersmarsch. An der Südseite dieses Tals erhebt sich der Boikenhügel, der dem Andenken des Meerriesen Boh, dem Rächer des Unrechts, geweiht sein soll. Ein ruheloses Gespenst, der Jükersmarschmann, wandert nun, der Sage nach, allnächtlich von dem Galgenhügel nach dem Boikenhügel hinüber. Es soll der unbefriedigte Geist des Pidder Lüng sein, der den unbesiegten Helden Boh immer wieder zur Wiederherstellung der Freiheit und des Rechts der Friesen auffordert.

HEXENTANZ AUF DEM BUDER

Es ist nicht immer so still gewesen auf Hörnum, wie es jetzt ist. Als die meisten der alten einheimischen Hörnumer Heringsfischer, die wegen der Rochelgeschichte und wegen des Aufruhrs einst hatten flüchten müssen, tot waren – viele waren ertrunken –, kehrten die übrigen wieder heim nach Hörnum. Sie brachten aber so viele fremde Fischer und Seeräuber, die sie während ihrer Abwesenheit getroffen und kennengelernt hatten, mit nach Hause nach dem Hafem am Buder, daß diese die Mehrzahl ausmachten und das Kommando an sich rissen.

Diese einheimischen und fremden Fischer und Seeleute nahmen Besitz von den alten Erdhütten am Buder und hausten nun alle Winter lustig, aber auch oft heillos auf Hörnum und überall auf Sylt. Sie drängten sich allenthalben naseweis hinein, vor allem in die Tanzgelage der übrigen Sylter. Oft entzweiten sich die Sylter mit ihnen und jagten sie fort, besonders wenn gegen Schluß der Lustbarkeiten die Köpfe erhitzt waren und die Hörnumer sich weigerten, an der Bezahlung der Zeche teilzunehmen.

Da nun nach alter Weise von Martini bis Petritag an allen Abenden der Woche in irgendeinem Dorf der Insel getanzt wurde, mit Ausnahme des Sonnabends, der Messe am Sonntage wegen, so beschlossen die Hörnumer und Rantumer, die den Sonntagsgottesdienst fast niemals feierten, einen Tanz am Sonnabendabend anzustellen. Sie luden, damit es nicht an Tänzerinnen fehlen möchte, nicht bloß die Sylter jungen Mädchen, sondern auch alle tanzlustigen Föhrer- und Amrumerinnen ein, an ihren Gelagen und Tänzen teilzunehmen. Wenn das Wetter gut und heller Mondschein war, so hielten sie ihre Tänze im Freien, im Kressen-Jakobstal oder auf der alten Ratsburg. War das Wetter aber schlecht, so tanzten sie in irgendeiner Scheune in Rantum.

Eines Sonnabends war es nun schöner heller Mondschein, ein mildes, windstilles Wetter. Die Hörnumer erwarteten große Gesellschaft und stellten diesmal ihren Tanz in dem weitläufigen Kressen-Jakobstal rings um eine kleine Frischwasserstelle an. Die Rantumer, Westerländer und Tinnumer Mädchen hatten sich in großer Zahl eingefunden. Sie hopsten und sprangen mit den Fischern schon lustig umher und sangen dabei ihre schönsten Lieder, denn andere Musik gab es damals noch nicht auf Sylt.

Da verfinsterte sich auf einmal die Luft. Es kam, nicht etwa zu Schiffe über das Wasser, sondern auf Besen durch die Luft reitend, ein großer Schwarm von Föhringer und Amrumer Hexen herangeflogen. Sie ließen sich auf dem alten Hexenberge Buder nieder, begannen hier rings um den Gipfel einen lustigen Reigentanz und stimmten einen noch viel schöneren Gesang als die Sylterinnen im Tale an.

Die lockeren Hörnumer Gesellen sahen und horchten hoch auf, als der Spuk auf dem Buder losging. Einer nach dem andern zogen die neugierigen Buben bergan und begannen, sich mit den verführerischen Hexen rings um den luftigen und sandigen Gipfel zu drehen. Das war ein ganz anderer Tanz und Gesang als der der schwerfälligen Sylterinnen im Tal. Die leichtfüßigen Föhrer Mädchen schienen auf dem Berge zu schweben, berührten nur mit den Zehen den sandigen Tanzboden und hoben selbst ihre derben Tänzer wieder empor, wenn diese bis an die Knöchel in den lockeren Sand eintraten. Wurden die Herren durstig, so hatten die lieblichen, aber listigen Dirnen einen köstlich schmeckenden Hexentrank, durch welchen sie die Tänzer erquickten, aber auch berauschten. Diese jubelten und hurraten dermaßen, daß man es auf Amrum hören konnte und schwuren wiederholt, daß sie in ihrem Leben nicht so fröhlich gewesen und an keinem so schönen Tanze je teilgehabt hätten.

Als die Sylterinnen solches bemerkten, wurden sie sehr neidisch und bitterböse. Sie spotteten und hohnlachten freilich, als ob es ihnen gleichgültig wäre, was sie erfahren, allein im Herzen ärgerten und grämten sie sich sehr über den Schimpf, den sie erlebt hatten. Sie zogen voll Gift und Galle wieder heim. Unterwegs machten sie ihrer Galle Luft und schwuren, nie wieder nach Hörnum zum Tanz zu gehen, nie wieder mit den falschen und gemeinen Leuten auf Hörnum Umgang zu halten.

Es waren aber unter ihnen auch einige der Zauberei Kundige. Diese, elf an der Zahl, waren natürlich die Anführerinnen der Gesellschaft. Sie sprachen zu den übrigen:

»Ihr habt noch keine Erfahrung, ihr wißt nichts, laßt uns nur machen. Wenn die Hörnumer im Frühling wieder ausfahren zur See, so soll keiner von ihnen lebendig wieder heimkehren, das versprechen wir euch.«

»Ich klage sie des Seeraubes bei dem Hamburger Rat an«, sprach eine.

»Das tut nicht nötig«, sprach eine andere. »Wir legen ihnen bei ihrer Abreise Knoten in den Weg, jede von uns sieben, das macht 77 Knoten. Daran werden sie, zumal in der Dunkelheit der Morgenstunden, nicht vorbeikommen, ohne darauf zu treten, und das ist genug zu ihrem Untergange.«

Kleine Stücke Tau mit einem Knoten darin, die man an Wegen und auf dem Felde auf den friesischen Inseln häufig findet, wurden von alters her stets als in böser Absicht hingelegte Hexenknoten bezeichnet. Man rührte sie nicht an, sondern ging ihnen aus dem Wege, wenn man sie gewahrte. »Leg Knoten hin vor jedermann! Bring jeden, nur dich nicht, zu Fall!« lautete eine alte Hexenregel.

»Nein, ich weiß noch einen besseren Rat, um unsere Absicht sicher zu erreichen«, sprach eine dritte. »Wir schleichen heimlich in der Nacht zu ihren Netzen, die sie gewöhnlich draußen lassen zum Trocknen, und schlagen unsere Hexenknoten daran fest. Die Netze müssen sie mitnehmen auf die See, wenn auch nur, um den Schein von Fischern zu haben. Dann können sie unserer Kunst nicht entgehen. So werden alle umkommen.«

»Tut nicht nötig«, sprach eine vierte. »Kennt ihr Hamburger Nägel? Nun, ich habe neulich ein kleines Faß mit echten achtzölligen Hamburger Nägeln, auf welchen das Wappen der Stadt deutlich sichtbar ist, am Strande gefunden. Das Faß enthielt 77 große neue Wracklinge. Drei davon habe ich bereits gebraucht, nachdem ich meine Kunst daran geübt hatte, und die Wirkung entsprach völlig meiner Erwartung.

Einen legte ich hin für meinen Nachbar, auf den ich böse war, und er trat sich ihn in den Fuß, so daß er noch jetzt davon lahm ist. Den andern schlug ich meinem früheren Bräutigam, der mir untreu geworden war, verkehrt in sein Boot zwischen Steven und Kiel, so daß er beim Fischfang zugrunde ging. Den dritten schlug ich der über seinen Tod schwermütig gewordenen Närrin, die mir den Bräutigam weggekapert hatte, heimlich an die Wand ihres Bettes, und richtig, sie erhängte sich in der folgenden Nacht an dem Nagel.

Ihr seht also, das sind wahre Glücksnägel, sobald man sie dazu gehörig besprochen, gesalbt und geweiht hat. Darum laßt mich nur machen und raten. Ich will schon einem der Ungetreuen das Faß mit den Nägeln in sein Fahrzeug bringen. Er wird, wenn er es findet, weder Nägel noch Faß über Bord werfen. Aber merkt nur später darauf, wenn es erfüllt wird, so viele Nägelköpfe in dem Faß sind, so viele Menschenköpfe werden die Hamburger dafür fordern.«

»Der Rat ist gewiß der beste«, sprachen die meisten der übrigen Hexen. Doch waren auch einige der Meinung, daß es nicht schaden könne, wenn sie die 77 Hexenknoten den Hörnumern auf ihre Fußsteige und Nachtwege streuten.

»Ihr legt großen Wert auf die verdoppelte böse Zahl 7«, entgegnete die Hauptratgeberin. »Ich achte mehr auf die Jahreszahl 88, die wir im nächsten Jahre haben werden, die wird viel Ach und Weh, viel Elend und Unglück bringen.«

Alle verwunderten sich über die Klugheit der Hexe und nahmen ihren Rat einstimmig an.

»Wundert euch nicht, daß ich etwas mehr verstehe als ihr andern«, sprach diese. »Ich habe neun Jahre als Haushälterin bei dem Priester Georg gedient, und der ist mein Hexenmeister gewesen in der schwarzen Kunst. Ich habe schon lange den Wunsch gehabt, seinen Tod an den unlenkbaren Hörnumern zu rächen. Jetzt habe ich die beste Aussicht, diesen Wunsch erfüllt zu sehen.«

Die Hörnumer fuhren nun im nächsten Frühjahr wieder auf die See, auf den Fischfang und Seeraub aus. Sie waren aber noch nicht lange fort von Sylt, als sie unweit der Mündung der Elbe von Hamburger Kriegsschiffen überholt wurden. Man fand wirklich das Faß mit den Hamburger Nägeln versteckt auf dem Schiffe des Anführers der Bande. Da sie auf die Frage, wie sie zu diesen Nägeln gekommen seien, keine genügende Antwort geben konnten, wurden sie als des Diebstahls verdächtig gefangengenommen und nach Hamburg geführt.

Hier konnte man sie lange nicht des Seeraubes überführen, bis endlich ein Hamburger Schiffer vor das Gericht trat – wie einige meinen, die listige und boshafte, als Schiffer verkleidete Hexe von Rantum. Er erklärte, daß die Nägel ihm gehörten und ihm an dem Ufer von Hörnum abhanden gekommen seien. Das war dem hochweisen Rat Grund genug, um die Gefangenen alle, 74 an der Zahl, auf dem Grasbrook bei Hamburg köpfen zu lassen.

Dieses traurige Ende der Hörnumer Fischer war aber ganz gewiß das Rachewerk der schrecklichsten Hexe, die je in Rantum gelebt hat.

INGE VON RANTUM

Es war einst ein Schiff, das segelte nach England. Unterwegs kam ein starker Sturm, daß die Schiffsleute ängstlich wurden und dachten, sie sollten zugrunde gehen. In der Nacht wurde das Steuerruder unklar. Sie sahen über Bord und wurden gewahr, daß ein großer Mann seinen Kopf aussteckte aus dem Wasser dicht bei dem Ruder. Sie fragten ihn, was er wolle. »Ich will den Schiffer sprechen«, antwortete er.

Die Schiffsleute riefen den Kapitän. Der Kapitän kam, sah auch über Bord und fragte den Mann: »Wer bist du? Was willst du?«

»Ich bin der Meermann, mein Weib verlangt, daß dein Weib kommt, um ihr zu helfen bei der Geburt.«

»Meine Frau schläft, sie kann nicht kommen«, antwortete der Schiffer.

»Sie muß kommen«, rief der Meermann, »sonst macht meine Alte noch mehr Spektakel, noch ärgeren Sturm und Seegang, und ihr geht allesamt zugrunde.«

»Ich will gleich kommen«, rief des Kapitäns Frau, die alles gehört hatte. »Man muß niemanden in Not lassen, dem man helfen kann.«

Sie sprang über Bord zu dem Meermann und ging mit ihm hinab zum Meeresgrunde. Der Sturm war vorbei, die See ward ruhig.

Unterdessen hatte der Schiffer große Sorge um seine Frau, aber es währte nicht lange, da hörte er so lieblich: »Heia, heia, hei!« tief unten in der See singen, und die Wellen gingen so eben auf dem Wasser, als wenn die ganze See wie eine Wiege geschaukelt würde. »Aha«, dachte er, »das Kind ist schon geboren, das ist gutgegangen.«

Es dauerte keine Stunde, da kam die Frau des Schiffers wieder auf aus der See und glücklich zurück an Bord. Sie war kaum einmal naß geworden, hatte die Schürze voll von Gold und Silber und hatte viel zu erzählen. Das Meerweib hatte ein Kleines bekommen, ein Ding, das wir auf Sylt ein Seekalb nennen, aber die Meerfrau meinte, es wäre so schön wie ein Engel. Der Meermann war so froh geworden, daß er der Frau des Schiffers so viel Gold und Silber verehrt hatte, als sie tragen konnte.

Der Schiffer hatte nun guten Wind, machte seine Reise schnell ab und segelte mit seinem Weibe und mit seinem Gelde wieder heim nach Sylt. Allein, wenn er später wieder ausfuhr zur See, dann ließ er allezeit sein Weib zu Hause bleiben in Rantum, wo sie wohnten.

Viele Jahre nachher, als das Meerweib so alt und faltig wurde, dachte der Meermann noch oft an des Schiffers schöne und mitleidige Frau. Er beschloß, sein altes Hauskreuz zu verlassen, den Schiffer mit einem Sturm zu überfallen und zu ersäufen und dann die schöne Witwe zu freien. Aber es fiel ihm nicht ein, daß die Frau des Schiffers inzwischen auch alt geworden war.

Einst sah er das Rantumer Schiff wieder über die See kommen. Da dachte er: nun ist es meine Zeit. Er sagte zu seinem Weibe: »Ich will hin, um Heringe zu fischen. Du mußt Salz mahlen zu der Heringslauge, bis ich wiederkomme.« Denn er wußte, daß sie dann einen greulichen Lärm machte in ihrem Hause am Meeresgrunde. Von dem Salzmahlen der Meeresfrau soll die ganze See zuletzt salzig geworden sein. Als der Sylter Schiffer in die Nähe kam, war dort ein solcher Mahlstrom in dem Wasser, daß er mit seinem Schiff mit Mann und Maus versank.

Unterdessen schwamm der Meermann nach Sylt und ging ans Land auf Hörnum. Er spazierte längs dem Strande und dachte an das Weib des Schiffers. Gegen Abend kam ihm ein Mädchen entgegen beim Küssetal (Taatjemglaat). Er meinte, es wäre die Frau des Schiffers, aber es war seine Tochter, die ihrer Mutter sehr ähnlich war. Der Meermann hatte sich ganz und gar verwandelt. Er hatte sich angetakelt wie ein Sylter Seefahrer, aber gebärdete sich wie ein Nachtschwärmer und begann, zu dem Mädchen miteins zu freien.

Sie wurde verlegen und bange vor ihm, aber er setzte ihr einen goldenen Ring über jeden Finger, band ihr eine goldene Kette um den Hals und sagte: »Nun hab ich dich gebunden, nun bist du meine Braut.« Sie weinte und bat ihn, er solle sie gehen lassen, aber sie gab ihm seine goldenen Ringe und seine Kette nicht zurück. Er sprach zu ihr:

»Ich mag dich, muß dich haben!
Magst du mich, sollst mich kriegen.
Willst du nicht, kriegst mich doch.
Mittwoch haben wir Gelag.
Doch kannst du sagen, wie ich heiß,
Dann bist du frei und meiner los!«

Darauf ließ er die Jungfrau gehen. Sie gelobte ihm, sie wolle ihm den folgenden Abend Bescheid tun, aber sie dachte, ich bekomme wohl irgendwo zu wissen, wie der Freier heißt. Doch überall, wo sie fragte, kannte man ihn nicht.

Sie ging am folgenden Abend wieder am Strande und weinte. In Gedanken ging sie immer weiter, bis sie nach dem Törnhörn auf Hörnum kam. Da kam es ihr vor, als wenn sie in dem Berge jemand singen hörte. Sie blieb stehen und horchte. Da hörte sie deutlich ihres Freiers Stimme. Er sang:

»Heute soll ich brauen,
Morgen soll ich backen,
Übermorgen will ich Hochzeit machen.
Ich heiße Ekke Nekkepenn;
Meine Braut ist Inge von Rantum,
Und das weiß niemand als ich allein!«

Als sie das hörte, da wurde sie froh. Sie kehrte sogleich zurück zum Küssetal und erwartete ihren Freier dort. Es währte nicht lange, da kam er auch. Sie rief ihm zu: »Du heißt Ekke Nekkepenn, und ich bleibe Inge von Rantum.« Dann lief sie schnell nach Hause mit ihrer goldenen Kette und ihren goldenen Ringen, und er war genarrt.

Seit der Zeit war der Meermann böse auf alle Rantumer. Er machte ihnen Schabernack und Unglück, wo er nur konnte. Er überfiel ihre Schiffe und Seeleute mit Sturm und jagte sie in den Grund zu seinem alten Weibe, welches sie fing in ihren Netzen. Er zerstörte zuletzt der Rantumer Land und Häuser ganz und gar durch Sand und Flut, wie solches noch auf Hörnum zu sehen ist.

DER STRUMPFKRIEG

DIE SCHLACHT AUF DEM HÖÖSKAAMP

Vor mehr als tausend Jahren landeten einst dänische Seeräuber auf Amrum und hausten schrecklich auf dieser Insel und Westerland-Föhr. Ein Sturm warf jedoch einen Teil ihrer Schiffe auf den Strand, und ein mutiger Amrumer benutzte diesen Umstand, die Fahrzeuge in Brand zu stecken. Jetzt waren die Dänen in Not, denn die Friesen taten sich zusammen zur Verfolgung ihrer Peiniger, und die Räuber konnten nicht wie sonst auf ihren Schiffen leicht der Gefahr ausweichen. Sie mußten zu Fuß zu entkommen suchen. Damals war Amrum nur durch eine schmale Wasserstraße von Sylt getrennt, die man zur Zeit der Ebbe leicht durchwaten konnte. Daher beschlossen die Räuber, über Hörnum und Sylt nach dem Listlande zu entweichen, und es glückte ihnen, über das seichte Hörnumgatt zu entkommen, ehe ihre Verfolger sie erreichten.

Auf Sylt war, ebenso wie auf den andern Inseln, die Mehrzahl der Seefahrer noch nicht von ihren Sommerreisen heimgekehrt. Die Heu- und Kornernte und auch das Korndreschen hatten die Sylterinnen beschafft. Obgleich der Spätherbst schon da war, gingen sie und ihre Kinder noch immer barfuß. Aber die Zeit der »nackten Beine« ging doch schon zu Ende, und die

»Strumpfzeit« stand vor der Tür. Daher hatten die fleißigen Frauen und Mädchen die Strümpfe und Socken schon hervorgesucht, gereinigt und ausgebessert und sie vielfach an den Außenwänden ihrer Häuser zum Auslüften und Trocknen aufgehängt. Die augenblickliche milde Witterung benutzten sie auch dazu, ihre Wintervorräte zu ergänzen. Emsig fingen sie in den Wehlen und am Strande Schollen und Sandspierlinge.

Die Räuber fanden darum überall die Türen offen und die Häuser menschenleer. Fast ungestört plünderten sie am hellen Tage die Dörfer des Hörnumlandes aus. Da sie bei der Verbrennung ihrer Schiffe den größten Teil ihrer Kleidungsstücke eingebüßt hatten, so suchte jeder von ihnen so viele wollene Strümpfe und andere Kleidungsstücke mitzunehmen, als er tragen konnte.

Als die Sylterinnen den Raub entdeckten, gerieten sie gewaltig in Harnisch. Aus Wardum und Vliedum, Nieblum und Stinum, Rantum, Steidum und Eidum strömten sie zusammen, und bald war ein großer Weiberhaufe scheltend und drohend den Räubern auf den Fersen.

Nachdem die Dänen, ungefähr zweihundert an der Zahl, das Hörnumland verlassen hatten, wendeten sie sich nach Osten. Aber die Kunde von ihren Räubereien war ihnen vorausgeeilt. Von Tinnum, Keitum, Archsum und Morsum kamen ganze Scharen Weiber ihren beraubten Schwestern zu Hilfe, und zuletzt waren wohl achthundert bis tausend zornige Sylterinnen beieinander.

Mit Heu- und Mistgabeln, Dreschflegeln, Äxten, Sensen, Schwertern, Stangen und Spaten waren sie zum Kampf gerüstet. Doch war es schwer, Ordnung in das gewaltige Heer zu bringen. Maren von Morsum, Inge von Rantum und Kei von Eidum ließen laut ihre Stimme erschallen, und die anwesenden Männer, obgleich sie in der Minderheit waren, halfen ihnen, eine geordnete Schlacht vorzubereiten.

Im Nordosten von Tinnum mußten sich die Dänen zum Kampf stellen. In der wütenden Schlacht floß viel Blut auf beiden Seiten, aber das Heer der Sylterinnen trug den Sieg davon.

Das Schlachtfeld, auf dem so blutig wegen gestohlener Strümpfe gekämpft wurde, heißt noch heute »Hööskaamp«, d. i. Strumpffeld.

Am Tage nach der Schlacht landeten die von ihren Sommerreisen zurückkehrenden Sylter Seefahrer im Friesenhafen bei Wenningstedt. Sie kamen also zu spät, um an dem Hauptkampfe mit den Dänen teilzunehmen, und konnten sich nur noch an der Verfolgung der zersprengten Seeräuber und an der Verbrennung und Bestattung der Toten beteiligen.

Die Zahl der Gefallenen ist nicht bekannt. Es sollen aber die Thinghügel ihre Grabstätten sein. Jeder dieser fünfzehn Hügel, die in langer Reihe hart nördlich von Hööskaamp aufgeworfen sind, soll in sich die verbrannten Überreste der im Kampfe Gefallenen je einer Sylter Dorfschaft bergen.

Die gefallenen Dänen wurden in einem besonderen Hügel bestattet.

MEISTER NICKS

Auf dem höchsten Punkt des roten Kliffs wohnte damals ein rätselhafter Mensch namens Niaul. Der obere Teil seines Körpers machte eine breite Masse aus. Darauf saß, zwischen die Schultern eingepreßt, ein hinten hoch und spitz zulaufender Hundskopf. Dicht an der eingebogenen Nase durchkreuzten sich die Blitze zweier grauer, tiefliegender Augäpfel. Ziemlich weit unterhalb der Nase hatte der Schöpfer einen großen Schlitz gemacht, der beinahe bis an die weit auswärts stehenden Ohren reichte. Von Kinn, Stirn und Hals konnte ihrer außerordentlichen Kürze wegen nicht die Rede sein. Das Haar dieses von der Natur so verwahrlosten Wesens war schwarz und struppig. Die Beine dieser Mißgestalt waren für den breiten Oberkörper unverhältnismäßig dünn, weshalb der Krüppel sich beim Gehen stets zweier Knüppel als Krücken bediente. Man nannte ihn daher schlechtweg den Krööpel oder auch den Knüppelkönig.

Seine Wohnung sah von außen aus wie ein roher, unregelmäßig geformter Steinhaufen. Allein es brauchte nur ein großer, glatter Stein an der Ostseite des Haufens weggeschoben zu werden, so zeigte sich ein regelmäßig von kleinen Feldsteinen gemauerter Gang, der in eine Höhle führte. Wünschte der Bewohner dieser Höhle Tageslicht, so schob er einen großen Stein an der Südseite der Behausung zur Seite.

Einige sind der Meinung, daß diese Steinwohnung, wovon im vorigen Jahrhundert noch Spuren vorhanden waren, zu dem alten, durch Sandflug untergegangenen Dorfe Kjeptrum gehört habe, und es ist wahrscheinlich, daß der Bewohner dieses seltsamen Hauses ein letzter Sprößling des einst hier auf der Heide in Höhlen wohnenden Urvolkes gewesen ist. Wie er durch seine krüppelhafte Körperbildung sich von den Friesen unterschied, so auch durch seine wunderlichen Eigenschaften. Seine Denk- und Handlungsweise war ein seltsames Gemisch von Torheit und Klugheit, von Gutmütigkeit und starrem Eigensinn; doch gewöhnlich war er voller Falschheit und Bosheit.

Er beschäftigte sich in seiner einsamen Wohnung mit vielerlei Dingen. Steine und Knochen bearbeitete er zu allerlei künstlichen Gegenständen, die er gelegentlich zu verkaufen suchte. Am liebsten kroch er auf der Heide oder auf dem Kliff umher, suchend nach seltenen Kräutern und Moosen, die er in seiner Höhle abkochte, um die Säfte als Medizin gegen Krankheiten der Menschen und Tiere zu gebrauchen. Er galt daher auf Sylt für einen großen Doktor, dem man übernatürliche Kräfte zutraute und dessen Rat und Hilfe man vielseitig begehrte. In solchen Fällen rief man ihn bei seinem liebsten Namen: Meister Nicks.

So klopften die Kampener an seine Tür, als auf List ein wütendes Ungeheuer die Eiersammler in Furcht und Schrecken versetzte. Dieser Trold hauste in den Brummtälern und soll ein wilder, verrückter Riese gewesen sein, mit mähnenartigem Haar und Bart, der sich durch eine Ochsenhaut, woran noch die Hörner waren, ein unheimliches Aussehen gab. Mit fürchterlichem Gebrüll schreckte er die Besucher des Listlandes und soll einst sieben Kinder getötet haben.

Meister Nicks galt auch für einen der schlimmsten und schlausten Strandräuber. Bei Stürmen schlich er nachts mit einer Laterne am Strande umher und trieb allerlei böse und heimliche Dinge.

An der Suche nach den in die Flucht geschlagenen dänischen Seeräubern beteiligte sich auch Boh, ein riesiger Seefahrer, der auf Wadtstedt auf dem Listlande wohnte. Mit seinem Knecht kam er eines Tages an die Steinwohnung des Knüppelkönigs. Da hörte er aus dem Innern großen Lärm und Stimmen vieler Menschen. Als er genauer hinhörte, erkannte er die Stimmen von vielen Dänen. Um sie alle zu fangen, setzte er sich mit seinem breiten Rücken gegen die steinerne Tür der unterirdischen Behausung und sandte seinen Knecht nach den Thinghügeln, um Hilfe zu holen.

Als die Männer herbeikamen, fanden sie Boh noch immer in derselben Stellung. Sie sahen aber auch, daß der westliche Teil des Steinhaufens sich gesenkt hatte. Man öffnete nun die durch Bohs riesige Kraft geschlossen gehaltene Tür, doch die ganze innere Höhle war durch einen Erdsturz verschüttet. Nach und nach grub man vierzig Leichname von Seeräubern hervor, außerdem noch sieben weibliche Körper. Eine der Toten erkannte man als ein Mädchen von Amrum, das hierhergereist war, um von dem Hexenmeister Rat zur Wiedererlangung einer verschwundenen Kuh zu holen. Die übrigen sechs toten Weiber stammten aus Dunsum auf Föhr und waren von den Seeräubern hierhergeschleppt. Endlich fanden sich viele Spuren davon, daß die Höhle schon längere Zeit als Schlupfwinkel für die dänischen Seeräuber gedient hatte. Es ging daher den Syltern jetzt ein schreckliches Licht auf über die geheimnisvolle Höhle und deren Bedeutung.

Die Erbitterung über den landesverräterischen Strandräuber war natürlich groß, doch der Bösewicht war nirgends zu finden. Man hatte schon die Hoffnung aufgegeben, seiner habhaft zu werden, als einige erboste Weiber aus Kampen mit dem mißgestalteten Ungetüm ankamen. Sie hatten ihn in ein Fischnetz gewickelt und schleppten ihn hinter sich her.

Im Verhör vor dem Sylter Rat bekannte Meister Nicks sich schuldig. Man schleppte den Hexenmeister nun über die große Norddörfer Heide bis nach der Thinghöhe. Noch vor der Nacht wurde der Knüppelkönig mit sechs noch lebend gefangenen Seeräubern aufgeknüpft, der Krööpel jedoch an den Beinen, mit dem Kopf nach unten, weil der Kerl keinen Hals hatte.

DIE TINNUMBURG

In Tinnum ist ein mächtiger alter Burgwall, der seltsame Erinnerungen aus der Vorzeit Sylts birgt. Über seine Entstehung wird das Folgende berichtet.

Im 14. Jahrhundert ließen einzelne dänische Adlige sich mit Teilen Nordfrieslands belehnen und versuchten, den bisher noch ungebeugten Nacken der Nordfriesen in das Joch der Leibeigenschaft zu schmieden. Um möglichst sicher zu verfahren, legten sie Burgen in dem nur schwach bevölkerten Lande an.

Waldemar Zappy oder Waldemar Soep, der Feldherr des König Waldemar Atterdag, hatte die Festlandsfriesen 1359 geschlagen und ließ zur Befestigung der königlichen Macht eine Burg in dem seit der Pest menschenleeren Archsum anlegen. Als Klaes Limbeck, ein schleswigscher Edelmann, kurz nach der Anlegung der ersten Burg mit Teilen der Außenlande belehnt worden war, soll er die Burg zu Tinnum und nach der Meinung einiger auch die kleineren Burgen oder Warten zu Keitum und Rantum errichtet haben. Von einigen wird daher die Tinnumburg auch Limbecksburg genannt.

Die letzten Spuren der Keitumer Burg sind im 19. Jahrhundert verwischt worden, und die Wälle der Ratsburg sind seit mehr als 150 Jahren mit Flugsand bedeckt, aber die großen Erdwälle der Tinnumer Burg stehen noch und sind beinahe vollständig erhalten. Sie liegen auf einem Winkel der Sylter Marsch zwischen Tinnum und dem südlichen Westerland. Durch die Aufwerfung des großen ringförmigen Erdwalles ist der Döplem entstanden, das Gewässer, das die Tinnumburg an der Nord- und Westseite umgibt. Ohne Zweifel hat die Burg niemals ein Gebäude umschlossen, denn dazu ist der Boden im Innern zu weich und wasserreich; auch spricht die Sage nicht davon.

Klaes Limbeck war ein gewaltiger Mann in seiner Zeit. Er brandschatzte und plagte die Inselfriesen sehr. Nach mehrjähriger Gewaltherrschaft fiel er bei dem König in Ungnade, und dieser beschloß, einen Kriegszug nach Friesland zu machen, um die Limbecker zu bestrafen und um die seit vierzehn Jahren rückständigen Steuern einzutreiben. Hans Kielholt scheint Klaes Limbecks Anhänger, ihr Gebaren auf der Insel und ihren Streit mit dem König zu schildern, wenn er schreibt:

»In alten Zeiten sind hier auf Sylt heidnische Völker gewesen. Sie haben einen seltsamen Glauben gehabt, den man nicht ganz erzählen kann. Und sie waren ihre eigenen Herren in diesem Lande.

Es waren unter ihnen große Riesen, die wohl fünf oder sechs Ellen lang waren. Die nannte man Käämper. Die Riesen kämpften für die Bewohner, daß sie sicher und in Frieden wohnen konnten. Dafür erhielten sie jährlich Schatz und Zinsen. Sie waren so gewandt mit ihren Bogen und Pfeilen, daß sie ein Ziel von Fingerbreite trafen. Dazu hatten sie Stockschläger. Alles, was sie nur halbwegs sehen konnten, Menschen oder Tiere, war alsbald tot.

Auf diesem Land sind drei Burgen und Festungen gewesen, die den Riesen gehörten: Arentzborg, Tinseborg, wo ihnen jährlich »Schatt und Tinse« übergeben wurde, und Ratsborg, wo sie Beratungen abhielten. Außerdem war bei Heidum ein Wachtturm, wohl und fest verwahrt. Von dort aus beobachtete man tagsüber, ob Feinde sich näherten. Diese Festungen hatten die Riesen inne, daß sie das Land der Heiden beschützen sollten.

Aber wie man hört, haben sie dem Volke große Gewalt und übles Unrecht getan. Wenn sie vernommen hatten, daß ein Bauer hingegangen, um seine Schuld aufzunehmen, so haben die Riesen sich heimlich auf dem Wege versteckt. Mit Pfeilen und Stockschlägen brachten sie den Mann vom Leben zum Tode und nahmen das Geld. Das mußten die armen Leute leiden, ohne zu klagen; denn sie hatten keine anderen Herren als diese Riesen.

Dieweil Gott dies nicht länger dulden wollte, hat der König von Dänemark einen von ihnen, der ein kunstreicher Doktor war, zu sich gefordert; denn seine Tochter war mit einer inneren Krankheit beladen. Der König gelobte, so er ihr helfen könne, wolle er ihm eine große Summe Geldes verehren.

Dieser Doktor ist dahin gereist und hat des Königs Tochter gesund gemacht. Der König verehrte ihm eine große Summe Geldes und ließ ihm mit Essen und Trinken aufwarten. Dann wollte der Doktor wieder nach seiner Heimat reisen. Aber der König bat ihn zu bleiben. Er hatte einen Edelmann, der auch an einer inneren Krankheit litt. Wenn der Doktor den gesund machen konnte, sollte er noch viel Geld haben. Der Riese willigte ein. Bei einem Gelage fragte der König ihn nach dem Lande Sylt, und in der Trunkenheit sagte der Riese ihm alle Gelegenheit davon. Danach reiste er zu dem Edelmann.

Der König aber rüstete seine besten Kriegsleute mit Rüstung und »Gewehr« und Harnischen aus und sandte sie nach dem Lande Sylt mit dem Auftrage, das Land einzunehmen. Die Kriegsleute teilten sich in zwei Haufen. Der eine kam von Westen mit Schiffen, der andere von Osten zu Fuß. Sie hatten verabredet, an einem bestimmten Tage zusammenzutreffen. Als die Riesen die Fußgänger herankommen sahen, zogen sie ihnen entgegen und schlugen sie in die Flucht. Aber die andern, die zu Schiffe kamen, säumten nicht und fielen den Riesen in den Rücken. Da konnten diese sich nicht länger wehren, sondern ließen sich alsbald fangen und binden, und sie wurden mit Hast in den Wachtturm bei Heidum geworfen und von zweihundert der besten Kriegsleute bewacht. Man fragte jetzt bei dem König an, was mit den Gefangenen geschehen solle.

Der König befahl, man solle ihnen nach ihrem Verdienst und Recht durch den Büttel den Kopf abhauen lassen und sie auf der Heide begraben, weil sie mit den Heiden so unmenschlich umgegangen wären. Damit der Befehl richtig ausgeführt würde, sandte der König seinen Bevollmächtigten mit dem Scharfrichter. Die Riesen, 120 an der Zahl, wurden mit gutem Wein trunken gemacht, und sie sangen, während einige schon hingerichtet wurden. Aber die beiden letzten haben nicht singen wollen, weil ihre Stunde so nahe war.

Nach des Königs Befehl wurden alle in der Heide begraben. Danach wurde das ganze Land unter des Königs Gewalt getan, und die Bewohner wurden bei Leibes- und Lebensstrafe gezwungen, von ihrem eigenen Recht abzustehen.«

Es waren diese Riesen oder Kämpen wahrscheinlich geborene Friesen und Anhänger Klaes Limbecks. Die Schlacht, in der sie dem Heer des Dänenkönigs unterlagen, soll auf dem Felde nordöstlich der Tinnumburg stattgefunden haben, das einst von Gewässern umgeben war und noch heute der Königskamp heißt.

Auch den Begräbnisplatz der 120 Riesen nennt die Sage. Er liegt etwas nördlich von den Thinghügeln an der Straße nach Munkmarsch und heißt die Lünggreewer, das ist: die langen Gräber.

Die Tinnumburg aber, von der es auch heißt, daß sie von sogenannten Volksfreunden und Beschützern zum Schutz gegen die dänische Königsmacht gebaut ist, wurde später vom Volke stets als eine Zwingburg betrachtet. Vielleicht hat sie den fürstlichen Landvögten, die stets in Tinnum wohnten und in der Regel beim Volke nicht beliebt waren, ab und zu in unruhigen Zeiten als notdürftige Zufluchtsstätte gedient.

SAGEN
VON DER KEITUMER KIRCHE

Der Erbauer der Kirche in Keitum war ein Engländer. Er baute zugleich drei Kirchen in den friesischen Utlanden, nämlich die alte Kirche auf Pellworm, die Johanneskirche zu Nieblum auf Föhr und die Severinkirche zu Keitum auf Sylt. Wie die Karte zeigt, liegen die drei Gotteshäuser in einer Linie, und jedes ist von dem nächsten drei Meilen entfernt. Sie waren bestimmt, die Hauptkirchen je einer Harde zu sein. Der Baumeister reiste von der einen Kirche nach der andern hin und her, und zwar zu Pferde, da diese Gegenden damals noch nicht durch das Wasser voneinandergerissen waren. Die Pellwormer freuten und rühmten sich ihres Turmes vor den anderen Friesen, und die Föhrer Kirche wurde die größte.

Der Turm in Keitum ist jünger als die Kirche, was man noch deutlich erkennen kann. Zwei Sylter Jungfrauen namens Ing und Dung, die ein Haus eben nördlich von der Kirche besaßen, haben ihn auf ihre Kosten erbauen lassen. Zu ihrem Andenken hat man zwei große pyramidenförmige Granitsteine, welche die Erbauerinnen vorstellen sollen, in der westlichen Mauer des Turmes angebracht, und man hört ganz deutlich in den Tönen der Turmglocke die Namen Ing und Dung.

Anfänglich hatte die Glocke einen so starken Klang, daß man sie auf dem drei Meilen entfernten Festland hören konnte. Da wurden die Einwohner von Hoyer neidisch und lüstern danach. Einst unternahmen sie sogar einen Versuch, sie zu stehlen. Die vorsichtigen Kirchenältesten zu Keitum hatten jedoch zur rechten Zeit ein Pferdehaar um den Klöppel gebunden, wovon die Glocke einen schlechten Ton und, wie man sagt, einen Sprung bekam. Seit der Zeit erregte sie nicht weiter die Habsucht der Hoyeringer und anderer Nachbarn.

Bei der Erbauung des Turmes wurde die Prophezeiung ausgesprochen, die Glocke solle einst niederstürzen und den schönsten und mutwilligsten Jüngling in Keitum erschlagen, der Turm selber aber werde einst zusammenbrechen und die schönste und eitelste Jungfrau zerschmettern.

Nun hatten früher die jungen Seeleute im Winter öfter ihren Jux mit der alten Kirchenglocke. Am Sonntagmorgen vor dem Gottesdienst stellten sie sie vielfältig auf die Probe, ob sie wirklich gesprungen wäre und jemanden totschlagen könne. Da sie weder das Pferdehaar noch den Sprung fanden, läuteten sie die Ing-Dung wie toll, um den Neid der Hoyeringer wieder wachzurufen. Einst, am zweiten Weihnachtstage 1739 trieben sie dieses Spiel mit der Glocke abermals. Da sprang die Glocke aus ihren Angeln, durchbrach im Niederstürzen drei Böden im Turm, schlug einen Jüngling tot und zerschmetterte einem andern die Beine. Damit war die eine Hälfte der bösen Voraussage in traurigster Weise erfüllt. Es heißt, daß seit dieser Zeit manche eitle Jungfrau sich nur zögernd dem Kirchturm nähert, weil sie mit geheimer Angst an den zweiten Teil der Prophezeiung denkt.

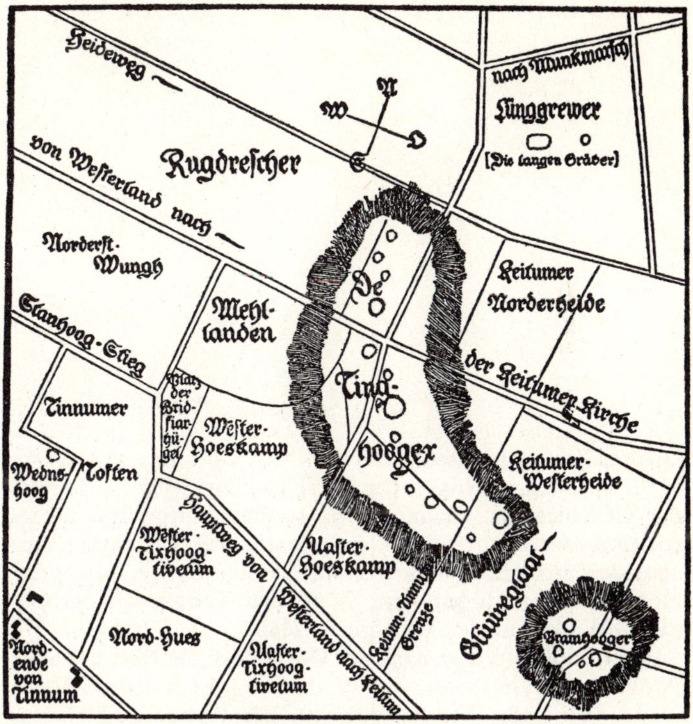

Die Thinghügel und ihre Umgebung im Jahre 1866
Nach einer Karte von C. P. Hansen

GÖTTERHÜGEL BEI KEITUM

In alter Zeit errichteten die Sylter ihren Göttern zu Ehren sogenannte heilige Hügel. Das Dorf Heidum oder Alt-Keitum war gleichsam von einem Kranze solcher Götterhügel umgeben, und die Keitumer der alten Zeit scheinen sehr eifrige Verehrer der altnordischen Gottheiten gewesen zu sein. Sie opferten auf heiligen Hügeln dem Weda und Thor sowie der Gemahlin Wedas und der Todesgöttin Hel.

Im Nordwesten liegt nahe am Dorfe noch ein Rest des alten Opferhügels Winjshoog oder Wednshoog. Er war dem Weda, Wedn, Winj oder Wodan geweiht. Die Friesen dachten sich Weda als den obersten Kriegsgott, der den Seekriegern nicht allein Glück in Schlachten, sondern auch guten Wind auf ihren Fahrten gab.

Um sich seine Gunst für ihre Reisen zu erwerben, opferten sie ihm Schiffsteile und erbeutete Güter, ehe sie im Frühjahr ihre Seereisen und Kriegszüge antraten. Am Abend des 21. Februar versammelten sich alle Einwohner einer Ortschaft an ihrem heiligen Hügel. Sie schlossen einen Kreis um denselben und zündeten das Opfer oder Biiken an. Dann tanzten sie um das Feuer herum. Einen brennenden Strohwisch in der Hand schwingend, riefen oder sangen sie: »Wedke tiare! Wedke tiare!« (Lieber Weda, zehre, nimm unser Opfer an.) »O Wia, wuket nei!« (O Weda, weiche nicht.)

Die Morsumer brannten ihre Feuer auf dem Heligenhoog ab, der auf Heligenört lag und früher mit Bäumen umgeben war. Oft hatten die Archsumer, auf deren Feldmark der Hügel lag, mit den Morsumern Streit deswegen, aber diese ließen sich nicht vertreiben.

Die Tinnumer benutzten je nach der Richtung des Windes bald den südlichen Wethoog, bald den nördlichen Winjshoog, um ihre Häuser nicht in Feuersgefahr zu bringen.

Die Krähen waren heilige, dem Weda geweihte Vögel. Mit den nordfriesischen Seefahrern kehrten sie im Herbst heim; man opferte ihnen im Winter die Reste der Mahlzeiten, und im Frühjahr zogen die Wodansvögel mit den Seefahrern wieder von den friesischen Inseln weg. Die Friesen schwuren sogar »Bi den Raawen« und sollen eine Krähe in ihrer Flagge geführt haben.

Dem Weda waren ferner der große und der kleine Himmelswagen mit dem für die Seefahrer so wichtigen Nord- oder Polarstern geweiht. Weda machte damit allnächtlich die Reise am nördlichen Himmel herum und führte die Seelen der verstorbenen Helden darauf heim. Ihm war, wie dem Odin bei den Dänen, der Mittwoch geheiligt. Es wird der Tag daher auf Sylt Winjsdai genannt.

Südwestlich von Keitum lag früher der Töörshoog, der ohne Zweifel dem Thor, Töör oder Tön'er gewidmet war, dem Donnergott, der die Luft regierte und die Fruchtbarkeit der Felder veranlaßte. Man schwur auf Sylt wie »Bi den Raawen«, so auch »Bi den Duiner«. Versteinerte Seeigel bezeichnete man als vom Himmel herabgeschleuderte Donnersteine und trug wohl gar einen als Schutzmittel bei sich, um sich gegen Blitz und Unwetter zu schützen. Im Herbst brachte man Töör alljährlich ein Erntedankfest, und der Donnerstag, im Friesischen Türsdai, ist nach ihm genannt.

Der Taubenhügel oder Düfhoog, etwas nördlich von dem

Winjshoog, war Wedas Gattin Freia oder Frigga geweiht. Sie wurde verehrt als die Segenbringerin im Hauswesen, beim Spinnen und Stricken. Noch jetzt kennt man eine Redensart, die ohne Zweifel auf ihren Dienst Bezug hat: »Kumst Frigge!« rief man nämlich in alter Zeit auf Sylt einer geliebten Freundin beim Begegnen zu.

In dem schönsten Sternbild unseres Winterhimmels, das wir Orion nennen, sahen unsere Vorfahren die spinnende Göttin, und wenn die Sylterinnen einander des Abends Strick- oder Spinnbesuche machten, richteten sie sich, um die Zeit des Nachhausegehens zu bestimmen, nach der Stellung, die Frigge am Himmel einnahm. Wo wir das Schwert des Orion sehen, sahen sie Frigges Spinnrocken; aber nach der Einführung des Christentums mußten sie Morirook dazu sagen, was Spinnrocken der Maria bedeuten soll. Die Friesen widmeten der geliebten Göttin den Freitag und nannten ihn Friidai. Es scheint, daß die Keitumkirche auf einem ihr geweihten Platz errichtet worden ist.

Ihr Fest wurde im Dezember gefeiert, wenn die Seefahrer heimgekehrt waren. Es begann mit Hochzeitgeben, und die Halevjunkengänger fingen wieder an, abendliche Freierbesuche und Tänze zu halten. Schweine wurden geschlachtet und teilweise geopfert, und man stellte Gastereien an. Tage, ja oft mehrere Wochen dauerte unter Tänzen, Schmausereien und mutwilligen Spielen dieses Fest. Es wurde das Jöölfest genannt.

Von diesen drei Festen des Weda, Thor und der Freia sind noch manche Reste auf Sylt übrig. Das Fest des Weda heißt jetzt Petristuhlfest. Es war aber im Grunde bis in die jüngste Zeit noch ein Abschiedsfest der Seefahrer, wobei ein Opfer- oder Biikenfeuer auf den altheidnischen Opferhügeln gebrannt, viel Kuchen verzehrt, viel Wein und Bier getrunken, viel getanzt und gespielt, aber am wenigsten an den Apostel Petrus gedacht wurde. Selbst nach der Einführung der Reformation rief man bei dieser nächstlichen Feier Weda an und bat ihn, das Opfer nicht zu verschmähen. Vergebens eiferten manche Prediger gegen das alte Fest; ihren Bemühungen mag jedoch die nachstehende Sage ihren Ursprung verdanken. Einst in einer Nacht vor dem Petritage hatten die Rantumer wie gewöhnlich Wodan angerufen. Die Feuer waren erloschen und die Leute schon alle zu Bett gegangen, da wurden sie um Mitternacht wieder geweckt. Zu ihrer Verwunderung loderte auf dem Biikenberge abermals ein gewaltiges Feuer. Sie eilten dahin, um es zu löschen. Da sahen sie ein schwarzes Ungeheuer gleich einem großen Pudel, von dem Hügel schleichen. Weil sie nun fürchteten, den Teufel leicht für immer beherbergen zu müssen, oder daß sein Besuch sich wiederholen möchte, so gelobten sie, von nun an das Biikenbrennen zu unterlassen.

Die altfriesischen heidnischen Festzeiten bildeten von altersher die bedeutendsten Abschnitte im Jahre und im Leben der Sylter. Nach dem Frühlings- oder Wedafest traten die Männer ihre Seefahrten und die Weiber ihre Feldarbeiten an. Um Michaelis oder um die Zeit des Erntefestes waren Heu und Korn eingefahren, und das Vieh wurde losgelassen. Die Frauen beschäftigten sich von nun an vorzugsweise im Hause; die Männer kehrten nach und nach von ihren Seefahrten heim. Im Dezember begannen die Jöölfahrten, Tänze, Hochzeiten und Gastereien, nachdem die Schweine geschlachtet waren. Die Winterfreuden schlossen eigentlich erst mit dem Weda- oder Petrifest. So waren die Jahre und das Leben der Sylter eingeteilt.

In ungewöhnlichen Zeiten, Zeiten der Angst und Trauer, der pestartigen Seuchen und des häufigen Sterbens, in Zeiten großer Not und Ratlosigkeit wandte sich das Sylter Volk, mehr noch in alter heidnischer Zeit als später, an Zauberer und Hexenmeister, an Wahrsagerinnen und weise Frauen um Rat und Hilfe. Dann opferte man der Todesgöttin Hel, welcher im Osten des Dorfes ein besonderer Hügel geweiht war, der Helhoog. Die der Todesgöttin gefallenen Opfer wurden durch die Todesschlucht »Helhooggap« ins Haff geführt.

Man schrieb der Todesgöttin viele Krankheiten zu, die in ihrem Entstehen »Heligding« genannt wurden, und man gebrauchte dagegen »Helbloster« und »Helbaien«, Fliederblüten und Fliederbeeren. Daher wird der Flieder- oder Holunderstrauch auf Sylt in den Gärten häufig gesehen. In alten Zeiten wurde er heilig gehalten und stets »Helbosk« oder »Helboom« genannt.

Von all diesen Gottheiten ist zu unterscheiden der Ual', der Alte, ohne Zweifel gleichbedeutend mit dem deutschen Allvater. Er scheint einer noch älteren Idee von der Gottheit anzugehören. Namentlich die Edelsten und Klügsten verehrten ihn als den Ewigen und Unveränderlichen, den Schöpfer und Erhalter des Himmels und der Erde. Auf den Schiffen und in den Wohnungen der Friesen nennt man noch in einem ähnlichen Sinne den Schiffs- oder Hausherrn de Ual'.

Man dachte sich nämlich den Herrn der Erde wie den Kapitän auf einem Schiff, die Erde selber aber wie ein großes Schiff im Himmelsmeere schwimmend. Die Menschen sind die Matrosen des Weltschiffes. Jung klettern sie in die Takelage des »Manigfual'« hinauf, alt und grau kehren sie wieder zurück. Durch ihre Torheit bringen sie ab und zu das Schiff in mißliche Lagen, bald in Untiefen, bald in Meerengen; aber durch seine Macht und Weisheit errettet der Ual' es jedesmal glücklich aus den Gefahren.

HELDENHÜGEL BEI KEITUM

Zu den in der Nähe von Keitum errichteten Heldenhügeln gehört der im Osten des Dorfes hoch und schön aus dem Ufer liegende Tipkenhoog mit einer herrlichen Aussicht über Keitum, das Wattenmeer und die nördliche, östliche und südliche Halbinsel von Sylt. Der Hügel soll das Grab des Wächters der Sylter Kämpen im Kampfe gegen die Dänen sein. Tipken, der Keitumer Hahn, hatte an der äußersten südöstlichen Spitze der Keitumer Landhöhe einen Wachtturm, der mit einem Wall umgeben war und dessen Stätte man mit dem Namen Tipkenturm bezeichnet. Am Fuße dieser Feste war früher ein Hafen, von welchem noch Spuren vorhanden sind und der unter dem Namen »Ual'haagen« erwähnt wird.

Zu den Gräbern altsylter Helden rechnet man ferner den Ööwenhoog und Klööwenhoog, südwestlich von Keitum gelegen. Der Öwenhügel liegt an dem südlichen Marschufer Keitums und der Klöwenhügel an der Grenze zwsichen der Keitumer Marsch und Geest. Die darin ruhenden Seehelden sollen Oow und Kloow geheißen haben. Sie scheinen beide in großem Ansehen bei ihrem Volke und in gutem Andenken bei der weiblichen Bevölkerung der friesischen Inseln gestanden zu haben, denn die Unholde der Nacht, namentlich die Hexen Frieslands, hielten oft ihre nächtlichen Tänze auf den Gräbern von Oow und Kloow. »Steit Ööwenhoog, steit Klööwenhoog, steit Stipelstiin noch?« pflegten sie zu fragen, wenn sie einander begegneten oder wenn sie Sylter Seefahrer fern von der Heimat trafen. Sie rühmten alsdann diese Orte, indem sie hinzufügten: »Da hebben wi so mannige Nacht gehat.«

Mit dem berühmten Kloow wurde auch sein goldenes Schiff in dem Klööwenhügel an der Grenze der Keitumer Geest begraben. Die goldenen Anker des Schiffes ruhen in der nahen Marsch. Diese goldenen Schätze werden von den Zwergen bewacht und beschützt.

Einst fiel es einigen habsüchtigen Keitumern ein, die Schätze heben zu wollen. Sie gruben in den Hügel hinein, bis sie die Spitzen der Masten des goldenen Schiffes mit ihren Spaten trafen.

Die Zwerge waren in Verzweiflung. Einer von ihnen war jedoch klüger als alle andern. Er setzte sich auf eine lahme Gans und ritt den Hügel hinan, um die Aufmerksamkeit der Grabenden von dem Schatze abzulenken. Als diese den seltsamen Reiter auf der Gans erblickten, brachen sie in den Ruf aus: »Was ist das für ein Teufelsspuk?« und ließen die Arbeit einen Augenblick ruhen. Sofort versank der Schatz, und man hat ihn später nie wiederfinden können.

VON DEN ZWERGEN UND RIESEN AUF SYLT

DIE UNTERIRDISCHEN

In alter Zeit bewohnten die Zwerge die ganze Insel. Als die Friesen nach Sylt kamen, wurden diese kleinen Leute verjagt und mußten sich auf die Heide und in die unfruchtbaren Gegenden zurückziehen. In großer Zahl wohnten sie in den Hügeln und Höhlen der Norderheide in der Gegend der jetzigen Norddörfer Kampen, Wenningstedt und Braderup. Daher wurden sie von den Friesen die Unterirdischen genannt.

Auf dem Kopfe trugen sie rote Mützen, und rot waren auch ihre Jäckchen. Sie hatten steinerne Äxte, Messer und Streithämmer, die sie sich selber kunstvoll schliffen, und sie machten Töpfe aus Erde oder Ton. Noch heute findet man bisweilen auf der Heide Waffen aus Flintsteinen, die sie dort vergraben oder verloren haben. Auch ihre Kochstellen mit Töpfen und mit Schalen von Miesmuscheln kann man noch finden.

Sie pflückten sich Beeren auf der Heide, sammelten Muscheln auf dem Watt und suchten Möweneier in den Dünen. Auch Fische und Vögel wußten sie zu fangen. Sonst arbeiteten sie nicht gern. Reich konnten sie dabei nicht werden, aber sie waren allezeit fröhlich. Oft sangen und tanzten sie beim Mondschein auf ihren Hügeln. Sie hatten eine besondere Sprache, doch haben sie später viel von der Sylter Sprache angenommen. Man kennt noch einige ihrer Sprüche und Reime.

Aber sie waren falsch. Gern versuchten sie, den Friesen, die sie verjagt hatten, Böses anzutun. Wo sie konnten, stahlen sie. Sie melkten die Kühe und tranken die Milch, sie zapften die Fässer im Keller leer und stahlen Schinken. Sogar Menschenkinder stahlen sie, wenn diese noch ungetauft waren, oder sie verwechselten sie heimlich mit ihren kleinen, häßlichen, schwarzhaarigen Kindern. Aus Furcht vor einem Wechselbalg ließen die Friesen noch im vorigen Jahrhundert ihre Kinder stets am Tage nach der Geburt taufen. Vor dem Schlafengehen legte man den ungetauften Kindern eine aufgemachte Schere oder eine Bibel auf die Wiege. Schliefen sie bei der Mutter, so segnete man sie beim letzten Wickel am Abend mit einem Kreuz vor Brust und Stirn. Denn die Zwerge waren allesamt Heiden und fürchteten das Kreuz, und der Klang der Kirchenglocken war ihnen zuwider.

Auch auf ihre Frauen und Mädchen mußten die Friesen wachsame Augen haben, damit sie ihnen nicht gestohlen würden von den Unterirdischen.

Einmal hätten die Zwerge beinahe eine Frau aus Keitum geraubt. Glücklicherweise kam der Mann noch eben rechtzeitig genug vom Felde zurück, um die Räuber zu verjagen und seine Frau aus dem Netz zu befreien, in dem sie sie fortschleppen wollten.

Als die Zwerge flohen, hielten sie aber noch einen Augenblick inne und riefen dem Manne zu: »Diesmal hast du gewonnen, aber sobald du über deine Frau fluchst, sinkt sie in den Grund und kommt nie wieder herauf.«

Einige Zeit darauf besuchte die Frau eine Verwandte und blieb ihrem Manne zu lange aus. Als sie nach Hause kam, fragte er erzürnt: »Wo bist du Teufel so lange gewesen?« Da verschwand die Frau vor seinen Augen in die Erde und kam nicht wieder zum Vorschein.

Die Unterirdischen konnten hexen. Oft verwandelten sie sich in Mäuse oder Kröten oder machten sich ganz unsichtbar. Davon wußte Dorret Bundis zu erzählen. Das war ein junges Mädchen aus Braderup, das einst im Winter mit Jeß und Jasper vom Festlande über das Eis nach Sylt gekommen war. Diese drei jungen Leute hatten die ersten Häuser von Braderup gebaut; Wenningstedt und Kampen waren damals noch nicht vorhanden. Einst braute Dorret. Da kam eine große, dicke Kröte zu ihr und leckte von dem neuen Bier, das auf die Diele träufelte. Bald darauf wurde Dorret von den Zwergen in dem langen Hügel eingeladen, um deren neugeborenes Kind zu sehen. Als sie in den Hügel kam, hing ein großer Stein über ihrem Kopfe. Aber die Wöchnerin sagte: »Sei nur nicht bange, wir tun dir kein Leid, denn du hast mir nichts Böses getan, als ich durstig war und von deinem neuen Bier leckte.« Aber Dorret traute ihnen nicht, sondern eilte erschreckt fort und zog nachher stets Manneskleider an, damit die Unterirdischen sie nicht raubten.

Den Unterirdischen ähnliche zwerghafte Wesen waren die Puken. Sie wohnten aber vereinzelt. Das Gebüsch, das damals viele Niederungen im Norden von Braderup füllte, war derzeit ihr Hauptaufenthaltsort. Eine Schlucht dort heißt nach ihnen noch jetzt das Puktal.

Der König über alle Unterirdischen war Finn. Seine Wohnung hatte er im Raisihoog nördlich von Braderup. Einige behaupteten, daß der Denghoog, der hart nördlich der neuen Wenningstedter Kirche liegt, seine Residenz gewesen sei.

KÖNIG FINNS HOCHZEIT

Früher mußten die Sylter Mädchen hart arbeiten. Einst hörte der König der Unterirdischen, wie ein schönes Mädchen aus Braderup, das bei Jeß als Magd diente, zu einem anderen Mädchen sagte: »Wenn man es doch so gut hätte wie die Unterirdischen, sie sind stets lustig, tanzen und singen jeden Abend, und am Tage arbeiten sie nicht mehr, als sie mögen.« Das merkte sich König Finn, denn das Mädchen gefiel ihm.

Eines Morgens früh kam die Jungfrau am Raisihoog vorbei. Da lief Finn zu ihr hinaus und redete sie an: »Willst du es gern so gut haben wie die Unterirdischen, dann bleibe bei mir und sei mein Weib. Du sollst dann Königin bei den Unterirdischen sein!« Das Mädchen willigte ein, und Finn führte es in seinen Hügel.

Am folgenden Abend war Hochzeit. Alle Zwerge waren geladen von der ganzen Norderheide und von der ganzen Morsumer Heide. Froh und festlich geschmückt strömten sie zum Festplatz auf der Norderheide, jeder mit seiner Brautgabe. Der eine brachte eine Schale mit Beeren, ein anderer ein Näpfchen mit Muscheln, ein dritter ein Töpfchen mit Milch, ein vierter einen Fingerhut voll Honig, ein fünfter eine Mausefalle, ein sechster ein kleines Fischnetz, der siebente einen Besen, der achte einen Haarkamm, der neunte einen hölzernen Löffel, der zehnte einen Schleifstein, der elfte ein Nasentuch, der zwölfte ein

Bettlaken, der dreizehnte einen krummen Nagel, der vierzehnte einen Türschlüssel und so fort.

Es wurde gewaltig aufgetischt vor den Gästen. Sie bekamen Heringsmilch und Rogen, geröstete Sandspierlinge, gesalzene Eier, Iltisbraten und Austern, Heide- und Moosbeeren. Dazu gab es Met zu trinken.

Der König Finn saß auf seinem Thron, auf dem großen Sesselstein. Er hatte einen Mantel von weißen Mäusefellen über den Schultern und auf dem Haupt eine Krone von Edelsteinen, die wie ein Donnerstein oder versteinerter Seeigel geformt war. Ihm zur Seite saß seine junge Frau, die nun Königin war. Sie hatte ein Kleid an, so fein und durchsichtig wie die Flügel der Wasserlibellen. Auf dem Kopf trug sie einen Kranz der schönsten Heideblumen, voll von Diamanten und anderen glänzenden Steinen. An jedem Finger hatte sie einen goldenen Ring.

Die Unterirdischen schmausten und tranken. Dann tanzten, sangen und sprangen sie die ganze Nacht. In ihrer Freude dichteten sie ein kleines Lied und sangen es vor dem König und der Königin. Es hieß also:

Eine feine Sippschaft, seht!
Appel, Dappel, donnre nicht!
Isa sitzt;
  Halt sie fest.
Wird sie Christin,
Ist sie frei.

Auf solche Weise hatte Finn seine geliebte Iis oder Isa zur Frau bekommen, und die beiden lebten glücklich miteinander seit der Zeit.

DER MEERMANN BEI DEN UNTERIRDISCHEN

Einst verwandelte sich der Meermann Ekke in einen Unterirdischen. Er fand eine leere Höhle in einem Hügel auf dem roten Kliff und begann zu einer schönen jungen Zwergmamsell zu freien. Aber diese war so hochmütig, daß sie ihm sofort einen Korb gab. Sie sang und antwortete ihm höhnisch in der Sprache der Unterirdischen diesen Vers:

Einer ist mein, den ich mag:
Akel, Dakel, Dummeldei.
Wölfe, Hunde oben.
Du alte Quappe Ekke
Bekommst Bundis Katze.

Ekke wurde böse, kehrte ihr den Rücken zu und rief:

Ehre, mehre gute Freunde;
Pick, Pack weg!

Er ging nun ostwärts nach dem weißen Kliff bei Braderup und suchte sich dort ein Loch, um darin zu wohnen. Unterwegs kehrte er ein bei dem Zwergkönig Finn in dem Reisehügel, um einen guten Rat bei ihm zu holen. Finn hatte gerade kurz vorher Hochzeit gehabt und war wohl so vergnügt. Er erzählte dem Meermann von seinem Glück und riet ihm, er solle es auch so machen, es wären mehr solche schönen Mädchen in Braderup, die sich lieber verheiraten, als arbeiten möchten. Ekke dachte: in Braderup muß ich mein Glück machen.

Eines Morgens früh saß er und sah aus seiner Höhle östlich von Braderup nach dem Morgenrot im Osten und dem Mondschein im Westen und hatte seine eigenen Gedanken darüber. Da kam ein schöner Jüngling vorbeigegangen, um in dem Haff zu baden. Es war Dorret Bundis von Braderup. Ekke war so lange nicht im Wasser gewesen, daß er auch Lust bekam, sich zu baden. Als er an das Ufer kam, wurde Dorret erschreckt und wollte die Flucht nehmen.

Aber Ekke ergriff sie und hielt sie fest, wieviel sie auch bat, daß er sie gehen lassen und niemand es sagen solle, daß sie ein Mädchen sei. Er versprach ihr das, wenn sie seine Braut sein und ihn um Jahr und Tag heiraten wolle. Sie mußte ihm das geloben, sonst hätte er sie gleich mitgenommen nach seiner Höhle.

Nun war Ekke froh, aber der arme Teufel, er konnte nicht

schweigen. Er saß wohl oft in seinem Loch oder auf den Hügeln im Mondschein und sang:

Ekke soll brauen,
Und Ekke soll backen.
Ekke, er will Hochzeit machen.
Dorte Bundis ist meine Braut.
Ich bin Ekke Nekkepenn,
Und das weiß niemand als ich allein.

Das hörten die Braderuper und auch andere Leute und so kam es raus, daß Dorret Ekkes Braut war. Dorret, die später auch Dorte und Djüür genannt wurde, ärgerte sich recht krank darüber. Es verdroß die Braderuper, daß die Unterirdischen so trachteten nach ihren schönen Mädchen und überdies ihnen oft etwas wegnahmen und von ihnen liehen, was sie nie wiederbekamen. Sie hielten daher Wache bei ihren Weibern und schlugen die kleinen Leute, wo sie diese sahen.

Sie waren so böse auf Ekke, daß sie nachher allzeit ihre toten Kälber und Hunde in die Schlucht dicht bei Ekkes Wohnung warfen. Man nennt die Stelle deshalb Aastal. Einst steckten sie ihm zum Verdruß sogar eine tote Katze in seine Höhle und riefen: «Das ist Bundis Katze, mit der kannst du dich verheiraten.« Ekke konnte es zuletzt nicht mehr aushalten vor Gestank und Schimpf und mußte die Flucht nehmen.

Er ging wieder zu Finn und klagte dem seine Not. Finn wurde recht bitter, als Ekke ihm alles erzählt hatte, was ihn drückte. Er sagte: »Der Sadrach plagt dich! Du bist allzu dumm für einen Unterirdischen. Als du das Mädchen hattest, da solltest du es behalten haben, und sonst hättest du schweigen sollen. Dein Singsang verrät dich bei dem Pöbel und macht dir und uns anderen Unglück. Geh du wieder nach Hörnum oder zur See, bei uns auf der Heide und in den Hügeln taugst du nichts.«

Ekke wurde grob und sagte, er sei ebenso klug wie Finn und er wolle ihm beweisen, daß er nicht allein auf der See Macht habe, sondern auch auf dem Lande mehr tauge als Finn. Zornig setzte er sich auf den großen Sesselstein und rief Finn zu:

»Kannst du mich nun von dem Stein wegstoßen, so bist du stärker als ich, sonst bleibe ich bei euch auf der Heide und will König über euch alle sein.«

Finn antwortete ihm: »Es ist nichts leichter als das.« Er lief gegen ihn an und gab ihn einen tüchtigen Schlag an den Kopf.

Ekke rief: »Au«, blieb aber doch sitzen.

»Warte nur«, sprach Finn, »ich will meine Axt holen.«

Ekke dachte: er könnte dich doch wohl totschlagen, aber sagte: »Ich habe einen dicken Kopf und einen starken Rücken. Solange ich auf deinem Stuhle sitze, bin ich König über die ganze Heide und alle Heidehügel und Unterirdischen.«

Dagegen konnte Finn nichts sagen, er ging nun hinaus, um seine Axt zu holen, die er vergraben hatte. Es dauerte nicht lange, da kam er wieder zurück und sagte zu seiner Frau, die vor einigen Wochen ein kleines Kind bekommen hatte: »Es ist ein Schiff auf den Strand gekommen.«

»Wo?« rief Ekke, der neugierig wurde.

»Hier dicht bei«, antwortete Finn. »Es ist durchs Risgap hereingetrieben, es hat Affen an Bord, die Komödie machen. Wir, ich und meine Frau, wollen heute abend zur Komödie, und dann kannst du auf das Kind passen, das in der Wiege liegt.«

»Ich will mit«, rief Ekke und sprang von dem Stein ab.

»Meine Axt ist noch scharf«, sagte Finn und lachte bei sich selbst. Ekke wurde bestürzt, er bedachte sich und setzte sich schnell wieder auf den Stein. Allein er wollte doch nicht zu Hause bleiben, um auf das kleine Kind zu passen, und war neugierig, die Komödie zu sehen. Er band sich den großen Sessel- oder Saadelstein auf den Rücken, keuchte damit westwärts und dachte, daß Finn und sein Weib schon voran wären. Als er den Stein eine halbe Stunde geschleppt hatte, war er so müde wie eine Made, er pustete und stöhnte und war durchnaß von Schweiß. Ganz entkräftet ließ er seine Last fallen und setzte sich sofort darauf. Die ganze Nacht saß er da auf dem Sesselstein und hoffte, daß Finn zu ihm kommen und die Komödie beginnen sollte, allein es wurde nichts daraus. Unaufhörlich glotzte er hinunter in die Niederung, die nachher immer das

Affental genannt worden ist, ob er nicht das Schiff oder die Affen gewahr werden könne, aber er sah nichts.

Am andern Morgen früh, während er da noch auf dem Königsstuhl saß und die Zeit ihm schrecklich lang wurde, kam ein ganzer Trupp Zwerge über die Kesseldünen vom Strand herauf. Sie schleppten ein wunderlich großes Ding mit sich. Es war in der Mitte so dick wie eine Tonne, hatte einen Kopf wie ein Mensch und einen Schwanz wie ein Fisch; es heulte und weinte und wollte nicht mit.

»Oho«, rief Ekke, als sie näher kamen, »es ist mein altes Meerweib Ran. – Kommt nicht näher!« schrie er den Zwergen zu. »Bringt sie wieder ins Wasser, ich will nichts mehr von ihr wissen!« Aber es war, als wenn sie ihn nicht gehört oder verstanden hätten, sie kamen immer näher.

»Bleibt mir vom Leibe mit ihr!« rief er. »Ich bin nun euer König. Ekke sitzt auf dem Sesselstein, und dann sollt ihr ihm gehorchen!«

Es half nichts, sie kamen immer näher. Als Ekke das sah, ließ er den Stein liegen, lief westwärts über das Kliff hinunter nach dem Strande, sprang ins Wasser und schwamm südwärts und kam nimmer wieder zu den Zwergen. Sein altes Weib kam ihm bald nach und war ihm immer auf den Fersen.

DIE ZWERGE IM KAMPF MIT DEN RIESEN

Es war ein schönes Mondscheinwetter, aber ein dichter Nebel lag über der ganzen Heide. Nur die schwarzen Hügel ragten wie Eilande oder Klippen aus dem Dunst hervor. Die Zwerge hatten es den ganzen Tag so hild gehabt wie die Ameisen; sie waren gelaufen über die Heide wie die Wetterkatzen; denn der König der Unterirdischen sammelte all sein Volk und seine Freunde um sich.

Als es Nacht wurde, war es wie ein Bienenschwarm auf dem

Reisehügel. Da waren Finn und Elfinn, Eske und Labbe, Hatje und Pilatje, die Puken und Talmännchen, die Nissen und Klabautermänner, jeder mit seinem Haufen von ganz Sylt. Sie schnatterten und schwatzten, als wenn die Rottgänse Thing halten. Und drinnen in den Hügeln war es so voll von Zwergweibern wie in Jenschens Ofen, als siebenhundert Mäuse darin Junge hatten.

Als das Geschnatter und Gewäsche in und auf den Hügeln kein Ende nehmen wollte, blies König Finn beide Backen auf und rief mit grober Stimme: »Erhebet euch!« »Erheben, erheben!« antworteten ihm sofort viele. Nun wurde alles still.

Finn sprach: »Der Meermann hat uns viel Verdruß gemacht. Seit er hier gewesen ist, sind die Braderuper und alle Riesen von ganz Sylt böse auf uns. Sie wollen uns nichts mehr leihen und nichst mehr geben als tote Hunde und Katzen. Sie lassen uns nirgends zufrieden und schlagen uns überall, wo wir uns sehen lassen. Was sollen wir nun anfangen?«

Alles schwieg. Da fuhr Finn fort: »Ihr antwortet wie Bundis Böcke, die sagten – nichts. Ich sage: Reise! Wir müssen uns ermannen, erheben!«

»Reise, reise!« rief nun die ganze Versammlung.

»Ich sage«, rief Finn weiter, »wir müssen unsere Messer und Zähne wetzen und unsere Äxte und Hämmer wieder aufgraben und dann kämpfen wie die Flöhe!«

»Kämpfen wie die Flöhe«, riefen alle nach.

»Wir sammeln uns morgen bei den Stapelhügeln!« befahl der König.

»Bei den Stapelhügeln!« wiederholte die Menge.

Nun gingen die Unterirdischen auseinander, jeder heimwärts nach seinem Hause, um sich zu rüsten zum Kriege.

In derselben Nacht hatte Dorret Bundis keine Ruhe. Am Morgen vor Tagesanbruch, als alle Zwerge schliefen, schlich sie sich leise in den Nebel hinaus und ging über die Heide nach dem Reisehügel; denn die Braderuper hatten wohl bemerkt, daß die Zwerge in der Nacht so laut gewesen waren auf ihren Fußsteigen.

Als Dorret bei dem Hügel ankam, war alles still. Sie legte sich mit einem Ohr auf die Türschwelle und horchte. Da hörte sie, daß Finns Frau wach war und ihr Kindchen wiegte. Die Zwergfrau sang über der Wiege:

Heia hei! Das Kind ist mein.
Morgen kommt sein Vater Finn
Mit eines Mannes Kopf.
Heia hei, heia hei!

Als Dorret das hörte, dachte sie: es ist hohe Zeit, daß die Sylter Kämpfer geweckt werden. Sie lief sogleich nach dem Frödenhoog südwestlich von Braderup und zündete ein Feuer an. Dieses Braderuper Licht war in alten Zeiten immer ein Biiken oder Zeichen für die Sylter, daß Krieg kam.

Es dauerte nicht lange, da wurde getutet in Tinnum, in Eidum und in Keitum, und ehe der Tag kam, brannte schon ein Biiken in jedem Dorf auf Sylt.

Gleich nach Mittag kamen die Sylter Riesen von Osten, von Süden und Westen gefahren und gegangen. Es waren ungeheuer große Leute, und sie waren ebenso derb und roh, wie sie lang waren. Die meisten hatten sich wunderlich angetakelt und mit wunderlichen Waffen versehen. Einige hatten wollene Kleider an, wie Filz so dick, andere waren in Röcke von geteertem Segeltuch gekleidet, aber die meisten trugen einen Pelz von Schaf- oder Robbenfell, und viele hatten bloß eine Kuh- oder Pferdehaut über die Schultern gehängt.

Der Seeriese oder König Ring hatte einen vergoldeten Hut auf dem Kopfe, ein Ding wie ein umgekehrtes kleines Boot.

Der König Bröns fuhr mit seinem Sohn, dem kleinen Bröns, auf einem vergoldeten Wagen. Piar war sein Kutscher; der fuhr ihn von Steidum, welches südlich von Tinnum in dem jetzigen Haff belegen war, hinauf nach Ööwenhoog und Klööwenhoog auf seinem eigenen Lande. Der große Bröns und sein Sohn hatten vollständige Rüstung an, wie es in der Zeit Gebrauch war, nämlich ein eisernes Wams aus lauter Ringen und einen vergoldeten Hut oder Helm mit einem Adler darauf.

Der Bramm von Keitum war von ihrer Freundschaft. Er war der, wie man sagte, welcher die Hosen anhatte, und war gewaltig stolz darauf. Er war der Ratgeber des Königs und hatte vergoldete Knöpfe auf seinem Rock, so groß wie Austern.

Der Bull von Morsum hatte sich ein Kuhfell mit goldenen Hörnern umgehängt; die Hörner ragten über seinem Kopf in die Luft.

Der große Urdig hatte einen eisernen Bügel um den Kopf und einen eisernen Flegel in der Hand.

Der Schmied von Morsum, der immer durstig war, hatte eine Tonne Bier auf dem Rücken; aber er wollte es nicht wahr haben, daß etwas darin war, und er nannte die Tonne seine Trommel. Wenn er meinte, daß die andern es nicht sahen, dann nahm er sich einen Schluck. Aber die andern wurden es gewahr und verlangten, Niß Schmied solle vorangehen, und sie wollten bei der Trommel bleiben. Es wird seit der Zeit auf Sylt noch oft geflucht: bei der Trommel.

Tjüül von Archsum war ein Bauer und so breit wie ein Fuder Heu. Er war gefahren und hatte seine Scheunentür mit auf dem Wagen. Er sagte: »Die ist nützlich; wenn ich in die Schlacht komme, dann halte ich sie vor mir, und dann können die Feinde mich nicht treffen. Und kommen sie mir etwas nahe, so kann ich ein Stieg zugleich damit quetschen.«

Der große Eber von Steidum war Stallknecht bei dem König Bröns. Er hatte einen Strick um den Hals und einen Heubaum auf dem Nacken. Der Strick war ein Zeichen, daß er diente, und der Heubaum war sein Springstock und seine Waffe.

Hauleke hatte eine große Sense, und Bob und Boik hatten große Bootshaken in der Hand.

Der Aarn oder Adler von Keitum war von königlicher Abkunft und hatte seinen Hut mit Federn geschmückt.

Tix und Thör waren von Tinnum. Tix war der Schreiber des Königs Bröns und hatte eine vergoldete Halsbinde. Aber Thör war der Narr des Königs und hatte ein Tonnenband oder einen Weidenzweig um den Hals, weil er unfrei war.

Die Uuwen kamen von Osten und die Mannen von Westen.

Barming kam mit einem ganzen Haufen. Er war weit in der Welt herumgewesen und hatte gläserne Töpfe von der mittelländischen See mitgebracht. Er wohnte in Eidum.

Niaul und sein Haufe wurden die Westerländer Katzen genannt, weil sie falscher und kleiner waren als die übrigen Sylter Kämpfer.

Sjalle und Kialbing waren Fischer von Eidum. Sjalle war in eine Meerschweinhaut gekrochen, aber er hatte den Kopf und den Schwanz sitzen lassen. Der Meerschweinkopf steckte über seinem Kopf, und der Schwanz schleppte hintennach wie ein Schniepel. Er roch wie ein Aas, aber er meinte, das hätte keine Not, dann liefen die Zwerge so viel gewisser vor ihm.

Unding und Wirk oder Widerich von Rantum hatten sich ringsum mit getrockneten Rochen behängt, und jeder hatte eine große Glattroche auf dem Rücken. Sie sagten: »Durch diese schießt der Feind nicht; auch brauchen wir nicht Hungers sterben, wenn die Schlacht etwas lange währt.« In den Händen hatten sie Fischergabeln.

Die meisten der Sylter Riesen hatten bronzene oder eiserne Schwerter und Beile oder Streithämmer mit; aber die, welche gut schießen konnten und leicht zu Fuß waren, hatten Flitzbogen oder Armbrüste mit Pfeilen von Holz oder Fischbein und Bolzen von Bronze oder Eisen.

Sie zogen allesamt nach den Thinghügeln auf der Tinnumheide, wo immer Thing gehalten wurde im Frühjahr und im Herbst.

Als die Sylter Riesen versammelt waren, trat der König Bröns auf den größten der Thinghügel und rief: »Euer Heil allesamt!«

»Euer auch!« riefen die Riesen.

»Sind Fremde unter euch?« fragte Bröns.

»Hier sind Jeß und Jasper von Braderup«, antwortete der Schreiber.

»Wi sin och Siljringer!« (Wir sind auch Sylter) rief Jasper.

»Das klingt etwas dänisch«, sagte Bramm, »das müssen wir näher untersuchen. Sag mal: Da liegen drei neugelegte Kiebitzeier in einem Nest auf Rans-Ecke.« In der Sylter Mundart heißt das: »Diar lii trii nii worpen wiipaier ön jen nääst üp Raanshörn.« Solche Schibbolethe gebrauchten die Friesen oft, um Fremde zu prüfen.

Jeß sagte: »Dar liegen drei nü Hüüser op aa Heed, o dem sin altisammen bestjahlen von die Underjordisken.« (Da liegen drei neue Häuser auf der Heide, und sie sind alle bestohlen von den Unterirdischen.)

»Das hast du klug gemacht«, sprach Bröns, »darauf kommt's eben an. Probiere du das auch, Jasper.«

Jasper sagte: »Där liegt ein Wief i Barsel me tree Jungen i een Huus i Brarop, aa de sinn min Wief, ä skall su Hjem aa passe op, at de tree lilje Siljringer nicht bliwen stjahlen, wenn I nicht will kommen, um su hjelpen mir.« (Da liegt eine Frau im Wochenbett mit drei Kindern in einem Haus in Braderup, und das ist mein Weib. Ich muß nach Haus um aufzupassen, daß die drei kleinen Sylter nicht gestohlen werden, wenn ihr nicht kommen wollt, um mir zu helfen. – Die Braderuper wissen auch genau, wo Jeß, Dorret und Jasper gewohnt haben; sie erzählen gerne, daß Jaspers Frau drei Kinder zugleich geboren habe.)

»Das war noch besser«, sprach der König. »Was haben die Zwerge euch denn gestohlen?«

»Finn han hat min Tjenstpieg stjahlen o su sein Wief nommen, aa Ekke han wollte min Söster Dorret vorföhr, men han fik en Katt, ä narrte ihm«, sagte Jeß. (Finn hat meine Magd gestohlen und zum Weibe genommen, und Ekke wollte meine Schwester Dorret verführen, aber er bekam eine Katze, ich narrte ihn.)

»Aa mich haben de Rackers Pack Lammer aa Skinken nommen«, antwortete Jasper. (Und mir haben die Racker Lämmer und Schinken genommen.)

»Da haltet ihr nicht mit den Zwergen. Wollt ihr denn mit uns, um sie totzuschlagen?« sprach der Ratgeber des Königs.

»Ja, min Seel, de skall bekommen en pienlich Dodt!« (Ja, mein Seel, die sollen einen peinvollen Tod bekommen!) antworteten sie beide.

»Das ist gut«, sprach der König. »Habt ihr andern etwas zu klagen über die Unterirdischen?«

»Ja«, antwortete Niß Schmied. »Sie saufen mein Bier aus in meinem Keller.«

»Sie wollten mir mein Weib stehlen«, rief Tipken, der Hahn von Keitum, der Wächter der Riesen, »aber ich ertappte sie und zwang sie, mir ihren Raub wiederzugeben.«

»Schreibe das alles auf«, sagte der König zu Tix.

»Stop, das auch: sie haben mir ein Kind verwechselt«, sprach Manne von Eidum.

»Sie melken unsere Kühe und machen, daß wir nur Hexenbutter erhalten«, klagten die Tinnumer. Hexenbutter heißt auf Sylt der Holzschwamm.

»Sie laufen mir immer um die Füße und treten mich auf die Fersen, wenn ich über die Heide gehe«, rief der große, sternblinde Erk Nickels von Keitum.

»Das sind Klagen genug über die Unterirdischen; wir müssen sie strafen. Wir müssen fechten mit ihnen und sie allzumal ausrotten«, sprach der König. »Seid ihr Manns genug, um Diebe und Bettler und Krüppel zu schlagen?«

Die Sylter begannen darauf greulich zu schimpfen auf die Zwerge, versicherten, da solle nicht einer mit ganzen Knochen davonkommen, schwuren zu siegen oder zu sterben und wählten zuletzt, als der Sturm sich etwas gelegt hatte, auf des Königs Aufforderung ihre Anführer.

Sie wählten den Bull von Morsum, den Aarn von Keitum und den Ring von Eidum. Niß Schmied mußte vorangehen mit der Trommel, und Jasper auch, um den Weg zu weisen. Er bekam einen Stock mit einer toten Krähe darauf in die Hand und trug die hoch in der Luft vor sich her, damit die andern ihn stets sehen und ihm folgen könnten. Später nannte man ihn deshalb gewöhnlich Jasper Krag.

So zogen die Sylter Krieger nordwärts über die Heide. Als sie nach Braderup kamen, war des Schmieds Tonne schon lange leer und jedermann sehr durstig. Sie lagerten rings um das Müür, um aus dem Teich ihren Durst zu löschen und ein wenig zu ruhen. Sie tranken fast das ganze Moor leer, welches doch ein großer Schlot ist, und dann zogen sie weiter nordwärts, Niß mit der Trommel und Jasper mit der Krähe voran.

Ihnen zunächst kamen Tjüül mit seiner Scheunentür und die zwei Rantumer mit ihren Stachelrochen und Glattrochen. Dann folgten Ring und Barming mit all den Eidumer Seeleuten und Katzen, die flink waren und gut schießen konnten, und mit den Rantumer Fischern und Strandläufern. Nun kam des Königs Wagen mit dem großen Bröns und dem kleinen Bröns, mit ihrem Schreiber und dem Kutscher. Bei dem Wagen lief der große, gefleckte Hund des Königs, und dahinter gingen die Steidumer und Tinnumer. Darauf folgten der Aarn und Bramm mit allen Keitumern, und hinter ihnen gingen der Bull und Urdig mit den Morsumern und Archsumern.

Zuletzt, hinter der ganzen Armee, folgten der Eber mit dem Heubaum, Kialbing mit den Walfischknochen, Sjalle mit dem Meerschwein und Thör, der Narr des Königs, mit seinen Tonnenbändern um den Hals, einer Klingelglocke auf seiner blauen Mütze, einem Weidenzweige in der einen und einem Kuhhorn in der andern Hand. Er blies jeden Augenblick in das Horn und sagte, er jage seines Vaters Rinder und Schweine nach der Heide, sie könnten das grüne, fette Wiesengras nicht vertragen. Bisweilen schlug er mit seinem Zweige auf das Meerschwein; allein Sjalle fühlte es nicht.

Jeß war nicht so tapfer wie Jasper; er blieb immer weiter zurück und zuletzt bei dem Reisehügel stehen. Thör rief ihm zu: »Jüs! Jüs!« wie man Schweine ruft, aber es half nichts. Jeß sagte, er wolle Wache halten bei dem Reisehügel und sehen, ob da noch seine Dienstmagd oder die Unterirdischen wären. Er riß das Heidekraut von den Seiten des Hügels ab und suchte nach einem Eingang; allein die Zwerge hatten, als sie von ihren Häusern weggegangen waren, alle Löcher so dicht verstopft, daß nachher gar keine Türen in den Hügeln zu finden waren. Der Reisehügel steht noch mit abgerissenen Seiten, doch hat auch ein Nachkomme von Jeß später einen Teil des Hügels abgetragen und weggefahren zum Bau einer Scheune.

Die Riesen zogen stets weiter nordwärts. Als sie ankamen auf dem Lande, wo jetzt der Kampener Leuchtturm steht, kamen die Zwerge ihnen entgegen. Sobald die Kleinen die Krähe gewahr wurden, sagten sie zueinander: »O, sind es keine andern!« und waren froh, daß die Feinde kein Kreuz als Zeichen vorantrugen.

Aber als die Zwerge alle die großen Krieger und Tjüül mit der Scheunentür sahen, als sie die Trommel hörten und als der Gestank von dem Meerschwein, den Stachelrochen und Glattrochen ihnen entgegenkam, da krochen sie schnell in ihre Löcher und unter das Gestrüpp und die Heidebüschel, wovon damals überall das Land voll war. Es war, als ob sie auf einmal nicht mehr da wären, und die Riesen hatten es schwer, um sie zu finden und zu treffen. Doch traten Tjüül und Erk Nickels manche tot, ohne sie gewahr zu werden.

Zuletzt fanden die Katzen von Eidum sie in ihren Gebüschen und Löchern. Sie hetzten den großen Hund des Bröns in die Höhlen, um sie herauszutreiben, und erschossen sie dann mit ihren Pfeilen und Bolzen, sobald sie sich sehen ließen. Allein es dauerte nicht lange, da hatten die Zwerge dem Hunde etwas eingegeben, woran er krepierte.

Das ärgerte den König. Er befahl nun, Sjalle mit dem Meerschwein solle voran, um die Unterirdischen aus ihren Löchern zu stinken; denn er hatte bemerkt, daß die Zwerge sehr feine Nasen hatten.

Die Puken und Zwerge flohen nun von einem Gebüsch und von einem Loch nach dem andern. Die Pukleute wurden am ersten müde und verzagt. Ihr König Nißchen lief sogar zu dem König Bröns und fiel ihm zu Füßen, und die übrigen liefen ostwärts hinunter nach der Wolde in ein Tal, welches später immer das Puktal genannt wurde, und verbargen sich da in den Gebüschen und Löchern.

Als die Unterirdischen sahen, daß die Pukleute verzagt und ihnen untreu geworden waren, wurden sie böse und tapfer. Sie krochen und sprangen schnell wie die Flöhe den großen langsamen

Riesen unter die Kleider und stachen und schnitten in der Hast manche tot mit ihren Messern und Äxten von Flintsteinen.

Sogar der König Bröns und sein Sohn, aber auch der König Nißchen, verloren das Leben in der Schlacht; denn die Zwerge waren am meisten erbittert auf diese.

Am allerschlimmsten aber erging es dem Teewelken oder Teufelchen, dem Leibdoktor des Bröns, dem Zauberer von Steidum. Die Zwerge begruben ihn lebendig in einem Hügel bei Kampen, der später Teewelkenhügel genannt wurde.

Doch die Riesen wehrten sich wie Löwen, schlugen und stießen und schossen wie Kerle, so daß auch viele Zwerge fielen. Aber als sie Bröns, ihren König, und einige Hundert ihres Volkes verloren hatten, da zogen sie sich nach Südwest nach dem Risgap oder Riesenloch bei Wenningstedt zurück.

Zu allem Glück kamen ihnen hier ihre Frauen und Töchter mit den Grütztöpfen entgegen. Die Sylter Weiber hatten viel Sorge um ihre Männer, daß diese etwa vor der Nacht nicht wiederkommen oder Hungers sterben würden. Deshalb hatte jede von ihnen einen Grapen voll Grütze gekocht, und alle waren gegen Abend mit ihren Breitöpfen nach der Heide gegangen, um ihre Männer zu stärken. Als sie jedoch vernahmen, daß die Friesen auf der Flucht waren, wurden sie zornig. Sie schalten und schimpften auf ihre Männer und warfen mit der Grütze nach den Zwergen. Einige von diesen bekamen den Brei in die Augen und wurden blind; einige bekamen zu viel in den Hals und erstickten, und einige vergaßen zu fechten über die vielen schönen Weiber.

Zuletzt kamen die Riesen wieder zum Stehen und zu sich selber. Sie kehrten sich um und schlugen nun so grimmig auf die Unterirdischen, daß, ehe die Nacht kam, alle Zwerge tot lagen auf der Heide rings um das Affental und um den Teich bei Wenningstedt, welcher damals seinen Abfluß durch das Riesgap nach Südwest hatte.

Bloß der Zwergkönig Finn lebte noch, aber er saß und weinte auf dem Sesselstein, den er hier wiedergefunden, gerade als er die Schlacht verloren hatte. Er wollte sein Volk und Reich nicht überleben; er nahm sein steinernes Messer und stieß sich selber tot, als die Sonne untergegangen war.

Der Seekönig Ring war verwundet worden und starb ein wenig südlicher, ehe er wieder nach seinem Hause in Eidum zurückkommen konnte.

So waren vier Könige an einem Tage um den Hals gekommen auf Sylt.

Als die Schlacht gewonnen war, da waren die Sylter Kriegshelden, die noch am Leben waren, froh. Sie aßen nun die Reste von der Grütze samt den Stachelrochen und Glattrochen der Rantumer und samt einer großen Menge Käse, die ein Archsumer zum Verkauf mitgenommen hatte. Dann gingen sie mit ihren Weibern vergnügt nach Hause.

An den folgenden Tagen mußten die Sylter mit Allemann wieder nach Norden, um die Toten zu begraben. Die Vornehmsten wurden da beerdigt, wo sie gefallen waren. Man verbrannte die Leichname und füllte die Asche in Töpfe. Die Waffen der Verstorbenen legte man neben die Asche. Dann stapelte man eine Menge großer und kleiner Steine um die Urnen auf und legte zuletzt einen großen Steinkreis um das Grab. So oft in der Folge die Freunde und Genossen an dem Grabmal des Helden vorbeikamen, warfen sie eine Handvoll oder einen Beutel voll Erde innerhalb des äußeren Steinkreises nieder, bis ein ansehnlicher Hügel aus dem Ganzen wurde. Wer am meisten Ansehen gehabt hatte oder am besten gelitten gewesen war, erhielt das größte Grab.

König Bröns wurde auf seinen vergoldeten Wagen gesetzt und mit dem Wagen begraben. Sein Grab wurde ein ganzer Berg von 26 Fuß Höhe und 400 Fuß Umfang; es heißt der große Brönshügel und liegt dicht südlich neben dem Leuchtturm.

Ein klein wenig westlicher wurde sein Sohn begraben in dem kleinen Brönshügel.

Sogar sein Hund bekam einen kleinen Hügel.

Der große und der kleine Brönshügel, der Hundshügel und

der Teewelkenhügel liegen in einer Reihe und werden gemeinsam die Brönshügel genannt.

Eben nördlich des Leuchtturms liegt der Nesen- oder Nissenhoog, die Grabstelle des Pukkönigs.

Den Seekönig Ring beerdigte man mit seinem vergoldeten Hut in einem großen Hügel nördlich von Eidum. Auch sein Grab ist noch zu sehen.

Sjalle, der ebenfalls nördlich von Eidum geblieben war, wurde an dem Ort, wo er gestorben war, in dem kleinen Sjallhügel begraben.

Ebenso soll es Erk Nickels ergangen sein auf der Heide im Norden von Keitum. An ihn erinnern die Jerk Negelshooger.

Die übrigen Sylter Kämpfer, die in der Schlacht gefallen waren, wurden zu vielen in den langen Gräbern beerdigt. Diese liegen an dem Wege, der am Leuchtturm vorbei nach Kampen führt. Man nennt sie Kämper-Gräber, Riesenbetten oder Börder; sie waren mit großen Steinen ringsum eingefaßt.

So ehrten die Sylter derzeit ihre Toten.

Auch die Helden, die siegreich heimkehrten, sind nicht vergessen.

Bramm von Keitum liegt mit seiner Familie in den Brammhügeln begraben, die durch das Glüüriglaat von den Thinghügeln getrennt sind.

Der Bull von Morsum ruht in dem Bullhügel. Sein Grab wurde 1842 geöffnet, als der dänische König Christian VIII. auf Sylt war, aber die goldenen Hörner fand man nicht.

An den großen Urdig wurde man erinnert, als man 1628 auf dem Morsumer Kirchhof einen Schädel herausgrub, der mit einem eisernen Bügel versehen war.

Des breiten Bauers Land kennt man noch im Süden von Archsum als Tjüüls Ingi und Tjüüls Eekerem. Man weiß auch noch die Stelle, wo der Aarn von Keitum begraben ist.

Auf dem jetzigen Westerländer Boden lagen früher die Katshooger, die Barminghooger, Unding-, Kialbing- und Niaulkenhoog. 1843 verkaufte ein Westerländer eine gläserne Urne, die in den Barminghoogern gefunden war, an den dänischen König.

Tipken, der Wächter der Riesen oder der Hahn von Keitum, erhielt, als er tot war, einen großen Grabhügel bei Keitum.

Im Norden der Börder, aber doch nicht weit davon, bauten die Sylter Friesen nach dem Kriege ein Dorf, das nach dem Kampfe: Kaamp oder Kampen genannt wurde. Nicht weit von der Stelle, wo sie gewonnen hatten, bauten sie später Woningstair oder Wenningstedt.

Wo Finns Leiche und sein Weib mit ihrem Kinde und wo alle die toten Zwerge geblieben sind, kann ich nicht erzählen. Einige meinen, sie sind in den kleinen Hügeln bestattet, die man Stipelstiinhügel und Stiinbörd nennt und die südöstlich von Wenningstedt liegen.

Seit der Schlacht auf der Heide bei Kampen, in welcher der große Bröns gefallen war, haben die Sylter keinen eigenen König mehr gehabt. Sie regierten sich in der Folge selber durch ihre zwölf Ratmänner und, wenn sie in den Krieg kamen, durch ihre Helden, die sie sich dann zu ihren Anführern wählten oder kürten.

DIE PUKEN

Die Puken schlossen lange nach dem Kriege Frieden mit den Friesen und nahmen sogar Wohnung in den Häusern der Sylter, meistens in den Scheunen und auf den Böden. Man schätzte sie als wohltätige, beschützende Hausgeister, deren Gunst man sich zu erhalten suchte, indem man ihnen allabendlich ein Gefäß mit Grütze hinstellte. Doch durfte man nicht vergessen, dem Brei ein Klümpchen Butter zuzufügen.

Nach den Erzählungen der alten Friesen waren die Puken kleine Männchen mit kurzen dünnen und krummen Beinen und großen Augen. »Hi glüüret üs en pük!« (Er macht große Augen wie ein Puk) sagt noch heute ein Sprichwort.

Nächtliche Geräusche im Hause schrieb man den Puken zu.

War der Hausgeist zufrieden, so verrichtete er während der Nacht allerlei nützliche Arbeiten. Aber er war launisch, eitel und naschhaft, und wenn er beleidigt oder unzufrieden war, gab er seinen Unmut durch hinterlistige und boshafte Streiche zu erkennen.

Einige folgten sogar ihren Herren auf die Schiffe. Solange ein solcher Schiffsgeist gut Freund mit der Mannschaft ist, geht das Schiff nicht unter, und jede Fahrt gelingt. Verläßt er es, so steht es schlimm.

Alles, was am Tage zerbrochen ist, zimmert er nachts wieder zurecht. Er heißt darum auch Klütermann. Er bereitet außerdem manche Arbeit für die Matrosen vor oder verrichtet sie gar für sie.

Ist er übler Laune, so macht er einen greulichen Lärm, wirft mit Brennholz, Rundhölzern und anderen Sachen umher, klopft an die Schiffswände, hindert die Arbeiter, ja, gibt den Matrosen unsichtbar heftige Ohrfeigen. Von diesem Lärm, meint man, heißt er der Klabautermann.

DAS BRÖDIHOOGGESPENST

Auf dem Rücken der düstern Heide, welche die drei Norddörfer der Insel Sylt umgibt, erheben sich eine Menge Grabhügel, an die sich manche interessante Sage der Vorzeit knüpft. Einer dieser Hügel liegt fast auf dem höchsten Punkt der Insel zwischen Kampen und Braderup und heißt Brödihoog oder Brütehügel. Lange Zeit setzte ein rätselhaftes, auf diesem Hügel spukendes Wesen einen großen Teil der friedlichen Bevökerung dieser Gegend in Unruhe. Davon erzählt nachfolgende Sage.

In alten Zeiten gab es hier auf Sylt sehr reiche Leute. Einer hatte sich besonders große Schätze gesammelt, aber auf eine sehr gottlose Weise. Er hatte nämlich in vielen Jahren Seeräuberei getrieben und war endlich mit seinem erbeuteten Gelde glücklich heimgekehrt. Wie alle, die sich durch unrecht Gut bereichert haben, war er mißtrauisch gegen jedermann und suchte daher seine Schätze möglichst den Augen seiner Landsleute zu entziehen. In dem erwähnten Hügel entdeckte er einen günstigen Ort, seinen Reichtum zu verbergen; denn als er eines Tages den Hügel ersteigen wollte, stieß sein Fuß zufällig an einen großen, platten Stein; dieser rollte zur Seite, und eine bedeutende Öffnung tat sich auf. Der ehemalige Seeräuber kroch hinein und fand einen irdenen Topf mit Asche, einige halbverbrannte Knochen und einen zweischneidigen Dolch in der Höhle. Übrigens war das altertümliche Totengewölbe ungewöhnlich geräumig, und der Entdecker beschloß sogleich, seine Schätze in Sicherheit zu bringen. In einer finsteren Nacht führte er seinen Vorsatz aus, verschloß alsdann die Öffnung mit dem Stein und ging wieder fort.

Doch die Sorge um sein Geld ließ den Geizigen keine Ruhe finden. Jede Nacht schlich er heimlich nach seiner Schatzkammer. Stundenlang saß er hier auf seinen Geldkisten, überzählte seinen Reichtum und freute sich desselben. Am Tage war er bei den Seinigen und ruhte aus.

Schon damals sprach man davon, daß es an jenem Hügel nicht richtig sei. Nächtliche Wanderer wollten dort Geräusche gehört, oder eine dunkle Menschengestalt gesehen haben. Allein das damalige Zeitalter ließ den Gedanken an eine Untersuchung solcher nächtlichen Erscheinungen gar nicht aufkommen. Alles wurde den unterirdischen Zwergen, die in den Grabhügeln hausen sollten, zur Last gelegt.

In finsteren, stürmischen Nächten schlich der Habsüchtige nach dem nahen Strande. Mit einer Laterne ahmte er die Bewegung eines segelnden Schiffes nach und suchte, dadurch die vorüberfahrenden Schiffer irre zu leiten und auf den Strand zu locken. Hatte er diesen Zweck erreicht, so plünderte er die armen, ermatteten Schiffbrüchigen aus, oder er führte sie in seine Höhle und ermordete und beraubte sie dort, wenn sie schliefen. Die Leichname verscharrte er.

Der Geizhals hatte zwei Söhne. Als diese heranwuchsen, wußte er nichts Besseres für ihre Erziehung zu tun, als sie frühzeitig nach der Mordstätte zu führen. Dort zeigte er ihnen seine Schätze und lehrte sie, deren Besitz und Vermehrung als das einzige Glück zu schätzen.

Schon begannen die Söhne an dem nächtlichen Brüten auf den Goldeiern, wie der Vater es nannte, Vergnügen zu finden, schon begaben sie sich bisweilen auch ohne den Vater nach dem geheimnisvollen Ort, wenn ringsum die Nacht ihre schwarzen Fittiche über das stille Eiland ausgebreitet hatte, als ein unerwarteter Umstand dem ganzen Glücksgebäude ein würdiges Ende machte. Einst in einer dunklen Gewitternacht waren die Söhne nach dem Goldkeller gegangen, um den verborgenen Schatz zu bewachen. Ihre Rückkehr verzögerte sich jedoch von Stunde zu Stunde. Das Gewitter hatte furchtbar getobt und war längst vorübergezogen, es begann bereits der Morgen im Osten zu dämmern, und noch immer erschienen sie nicht.

Da konnte der Vater seine Sorge und Ungeduld nicht länger zügeln. Er begab sich nach der unterirdischen Behausung. Doch – wer malt seinen Schrecken! – der Keller war eingestürzt; seine Söhne waren lebendig begraben; seine Schätze waren verschwunden.

In der Verzweiflung über das Unglück, welches er seinen eigenen Kindern bereitet hatte, und über den Verlust seines Reichtums verlor der alte Bösewicht den Verstand und endigte durch Selbstmord sein verfehltes, nutzloses Leben.

Doch auch im Grabe hatte er keine Ruhe. Es zog ihn immer wieder hin zu dem Hügel, zu seinen Kindern und seinen Schätzen. Fortwährend umschwebte die alte Grabstätte und Goldkammer ein wunderbares Etwas, das sich bald durch ein leises Seufzen oder Stöhnen, bald durch ein unbestimmtes Nebelgebilde, bald als bleicher, bekümmerter Greis bemerkbar machte.

Diesem immer über den verborgenen Schätzen brütenden Gespenst verdankt der Hügel den Namen Brödihoog oder Brütehügel.

Noch im Jahre 1844 erzählte man sich oft von dem Brödihooggespenst und das Interesse daran war so lebhaft auf der Insel, daß sich auf Verabredung am 23. November 1844 etwa vierzig Personen nach dem Hügel begaben, um ihn zu durchwühlen und sorgfältig zu untersuchen. Der Erfolg dieser Bemühung entsprach freilich nicht den Erwartungen, trug aber wesentlich dazu bei, den Aberglauben und das abergläubische Gerede auf Sylt zu vermindern.

Ungefähr drei Fuß innerhalb des äußeren Randes oder Fußes des Hügels fand man eine kreisförmige Reihe von Feldsteinen. An der Südseite, sechs Fuß weiter einwärts, war ein kleiner Keller von anderthalb Fuß im Quadrat und ein Fuß Tiefe, mit Erde, halbverbrannten Knochen und Holzkohlen angefüllt. Etwas nördlicher, an der Ostseite des Hügels, standen drei kleine Urnen, die mit glatten Steinen umgeben waren, aber bei der geringsten Berührung auseinanderfielen. In derselben Entfernung von dem äußeren Rande des Hügels, aber an dessen Südseite, fand man einen größeren Keller, welcher durch pyramidenförmig aufeinander gehäufte Steine gebildet war. Dieser Keller maß dreieinhalb Fuß in der Länge bei eineinhalb Fuß Breite und Tiefe und war ziemlich mit Erde ausgefüllt; oben auf der Erde lag ein zweischneidiges bronzenes Schwert. Es schien, als ob es ehemals in einer hölzernen, aber längst vergangenen Scheide gesteckt habe. Auf dem Boden des Kellers fand man noch eine kleine Urne.

Das war der Inhalt des Hügels, der so viel Unruhe auf der Insel hervorgerufen hatte.

DIE TREUE OSE

Ein Bauer, der in dem nordwestlichsten Haus des Dorfes Wenningstedt wohnte und wahrscheinlich Fredd oder Frödde hieß, hatte eines Jahres sein Heu glücklich geerntet und gab denen, die dabei geholfen, nach seiner Gewohnheit einen Ernteschmaus. Während des Mahles entstand unter den Gästen ein heftiger Streit. Der Wirt mischte sich hinein, und im Zorne erschlug er einen der Streitenden.

Kaum war das Unglück geschehen, da erschrak er über seine Tat. Er floh aus seinem Hause, und man suchte ihn in den folgenden Tagen vergebens. Es hieß, er wäre von der Insel entflohen.

Seine Gattin mußte statt seiner die gewöhnliche Mannbuße bezahlen, und zu dem Ende einen Teil des zu ihrem Hause gehörenden Landes verkaufen. Mühselig ernährte sie in der Folge sich und ihre unerzogenen Kinder durch die Arbeit ihrer Hände.

Jahre vergingen, ohne daß man von dem unglücklichen Totschläger etwas hörte, sein Name und seine Tat gerieten allmählich in Vergessenheit. Jedermann aber achtete und bemitleidete die fromme Ose, die so fleißig für ihre Kinder sorgte. Unerwartet brachte dann ein Ereignis die ganze Geschichte wieder in aller Leute Mund: Die Gattin des entwichenen Mörders gebar ein Kindlein. Die Leute zerbrachen sich die Köpfe darüber, wo der Mann der unglücklichen Ose sein könnte, und die Neugierigsten gönnten sich keine Ruhe, bis sie die Entdeckung gemacht hatten. Da fand es sich denn, daß der vermeintlich entflohene Mörder gar nicht von der Insel weggekommen war, sondern sich seit dem Tage des Mordes in einer Höhle der Wenningstedter Dünen versteckt gehalten hatte. Nur seine Frau hatte davon gewußt und keinem das Geheimnis verraten. Zehn Jahre lang hatte sie nicht nur ihre Kinder, sondern auch ihren Mann mit Nahrung und Kleidung versorgt. Man führte den Wiedergefundenen in sein Haus und war freundlich gegen ihn. Niemand dachte daran, ihm Vorwürfe über seine jähzornige Tat zu machen, für die er und seine Frau zehn Jahre lang so schwer gelitten hatten, aber man pries auf der ganzen Insel Oses Liebe und Treue.

Zum Andenken an diese aufopfernde Liebe nannte man das Dünental, in dem der Mann so lange verborgen gelebt hatte, das Osetal, welchen Namen es noch heutigen Tages führt.

DIE UNTERIRDISCHEN IN MORSUM

Auch auf der Morsumheide waren viele Unterirdische. Das Morsumkliff sieht an einer Stelle aus, als ob es von verrostetem Eisen wäre. Man sieht dort eigentümlich gegliederte Röhren und Schalen. Klettert man auf den Abhang umher, so rollen die losen Stücke mit hellem Klang durcheinander wie Porzellanscherben. Das ist »das Topfgeschirr der Unterirdischen.« Hier hatten sie in alten Zeiten ihre Schmiede, in der sie die Dosen, Röhren, Töpfe und Schalen herstellten.

Nach dem Kampfe auf der Norddörfer Heide waren die Sylter die Unterirdischen losgeworden und waren froh darüber. Bloß Niß Schmied in Morsum klagte noch immer, daß sie ihm das Bier im Keller aussöffen. Einst ertappte die Frau des Schmiedes einen der diebischen Zwerge im Keller beim Bierzapfen. Sie stellte ihn zur Rede, und der Kleine versprach, einen Segen in die Biertonne zu legen; die Tonne solle niemals leer werden, solange nicht darüber geflucht würde und sie das ihrem Manne nicht verriete.

Der Zwerg legte seinen Segen in die Tonne, und die Frau schwieg. Wie früher lief der durstige Schmied jeden Augenblick aus der Schmiede in den Keller, um sich einen Schluck aus der

Tonne zu holen, doch ohne daß der Biervorrat vermindert zu werden schien. Als der Schmied das Wunder entdeckte, rief er aus: »Das ist doch eine Teufelstonne, die nimmer leer wird!«

Sofort verschwand der Segen, die Tonne war leer, und die Zwerge stahlen Brot und Bier wie früher aus dem Keller, ohne einen Ersatz dafür zu geben. Die Frau erzählte nun Niß, was sie ihm bisher verschwiegen hatte, und beide beratschlagten mit den Nachbarn und Nachbarinnen, wie es anzufangen wäre, um des diebischen Gesindels loszuwerden. Man riet Niß, er solle die Ön'ereersken fangen und totschlagen; allein diese waren klüger und flinker als er.

Zuletzt kam eine alte Frau, die in ihrer Jugend oft mit den Zwergen gespielt hatte, und erzählte Niß, die Unterirdischen hätten ihr einst offenbart, sie könnten nicht angehen gegen das Kreuz und all das, was dem Kreuze ähnlich oder verwandt sei. Sie könnten nicht über, nicht durch und nicht unter dasselbe kommen; vor dem Kreuze müßten sie fliehen oder verderben. Die Frau riet deshalb dem Schmied, er solle ein Wagenrad vor jede Tür seines Hauses stellen, sein Haus aber in Brand stecken, dann würden die Zwerge sämtlich mit dem Hause verbrennen.

Niß Schmied tat das. Als das Haus in Flammen stand, wollten die Zwerge fliehen. Aber sie konnten nicht fortkommen vor all den Kreuzen, welche die Wagenräder machten. Sie steckten die kleinen Hände hinaus bei den Speichen und riefen um Hilfe, jedoch die Morsumer ließen alle verbrennen.

Zuletzt gewahrten die Ön'ereersken in der Nähe des brennenden Hauses die alte Frau, die den Rat zu ihrem Untergange gegeben hatte. Da riefen sie vorwurfsvoll: »Gespielin, Gespielin, wie hast du uns verraten!«

Das war das letzte, was man auf Sylt von den Unterirdischen gehört hat. Sie verbrannten nun sämtlich, und es waren jetzt die letzten ausgerottet. Man weiß übrigens noch, wo Niß Schmieds Haus in Morsum gestanden hat.

H.B. Jensen GmbH & Co. KG
25980 Westerland/Sylt   Friedrichstraße 1
FON 04651-7017 / FAX 04651-7092
IHR INSELKAUFHAUS AUF SYLT

22.04.97

Quittung   41011300/ 57

---------------------------------- x -------

1 Sylter Sagen	9.80	9.80

Endbetrag	DM	9.80
Zahlung	DM	9.80
		====

enthaltene Mwst. 15.00%   1.28

Das Meerkabarett - '97 wieder auf Sylt.
Karten jetzt schnell bei H.B. besorgen !

DIE ARCHSUMBURG

Im Jahre 1338 entstand durch anhaltendes Regenwetter große Hungersnot und großes Sterben auf Sylt. Noch ärger räumte der schwarze Tod um 1350 unter der Bevölkerung der Insel auf. Das Kirchspiel Morsum soll damals bis auf elf Personen, das Dorf Archsum aber ganz ausgestorben sein. In Keitum wurden die vielen Leichen in die sogenannte Pestkuhle in der Nordostecke des Kirchhofs haufenweise hineingestürzt, und es sang dort zuletzt nur noch eine alte Frau in der Kirche beim Gottesdienst. In den Norddörfern der Insel blieben ein Mann und ein kleines Kind übrig, in Westerland oder Eidum drei Familien. Rantum allein soll von der Pest verschont geblieben sein.

Diese traurige Zeit benutzte der dänische König, um seine Macht in den friesischen Außenlanden zu befestigen; denn bisher hatten die Friesen nur etwa alle sieben Jahre einige alte Steuern, Plogskat und Pligtskat genannt, an die Dänen bezahlt. 1359 kam sein General Zappy mit einer Armee, um die Friesen zu bändigen. Er ging im Winter über das Eis nach Sylt. Aus den Trümmern des menschenleeren Dorfes ließ er die Archsumburg erbauen, und er befestigte das schloßähnliche Gebäude mit Wall und Graben.

Doch nicht lange herrschten die Fremden hier. Von Süden und Südwesten zogen, wahrscheinlich nach der verheerenden Flut von 1362, viele Seefahrer aus Gatum und Rantum vor die verhaßte Zwingburg. Diese freiheitsliebenden Sylter vertrieben den dänischen Edelmann, rissen die Burg bis auf den Wall nieder und bauten dann rings um die alte Burgstätte das jetzige Archsum.

Den großen Erdwall der Burg ließen die Archsumer noch lange stehen; allein sie duldeten niemals, daß sich jemand innerhalb desselben anbaute, obgleich der Platz ziemlich hoch, trocken und flutfrei war. Die alte Burgstätte galt, wie es scheint, dem Sylter Volke fortan als ein Siegeszeichen der Volksfreiheit und Volksgewalt. Eine Prophezeiung sagte, dort solle einst die Fahne der Freiheit wieder aufgepflanzt werden, und 1848 hieß es, man habe sie dort flattern sehen. Allein jetzt sind die letzten Reste des alten Burgwalls abgetragen, und die Burgstätte ist von den Archsumern selber geebnet worden.

UNTERGEGANGENE DÖRFER

Wer die Wirkungen des Meeres beobachtet hat, der wird nicht bezweifeln, daß Sylt einst viel größer gewesen ist. Eine alte Chronik sagt von den Syltern: »Was sie nicht auf dem Lande hatten, das konnten sie von Hoyer mit ihren Pferden und Wagen holen. Wenn sie des Morgens ausfuhren, konnten sie desselben Tages gegen Abend wieder heim zu ihren Häusern kommen. So nahe waren die beiden Lande beieinander gelegen, daß man bei dem niedrigsten Wasser gemachsam mit Pferden und Wagen fahren konnte und auch zu Fuß wandern.« Noch im 18. Jahrhundert gab es mehrere alte Häuser auf Sylt, von denen es hieß, das Holz zu ihrem Bau sei mit Pferd und Wagen von dem Festlande geholt worden. An der Ostseite Keitums führt ein Hohlweg nach dem Haff, der Huađerstich heißt, also einst nach Hoyer geführt haben mag.

Obgleich im nördlichen Haff zu Osten von Sylt keine Spuren untergegangener Dörfer oder Kirchen sich finden, so spricht doch die Sage von solchen. Ihr Andenken soll erhalten sein in den Namen einiger Sandbänke und Tiefen.

Von den im südlichen Haff untergegangenen Dörfern sind zum Teil noch Spuren vorhanden. Südlich von dem jetzigen

Morsum soll in der Gegend der Sandplatte Stiinnak eine Kirche Nistum und ein Dorf Österhörn gestanden haben. Morsum-Osterende, ein Teil des Kirchspiels Morsum, ist, wie die Alten erzählen, von den Einwohnern eines auf Stiinnak gelegenen Dorfes nach einer großen Überschwemmung gebaut worden.

Die Annahme einer Kirche auf Stiinnak beruht aber wahrscheinlich auf einem Irrtum. Die Sage erzählt: Als die Kirche zu Morsum, die älteste auf Sylt, errichtet werden sollte, hatte man anfänglich den Plan, sie auf Stiinnak zu erbauen. Man begann schon, die Steine zu dem Kirchenbau anzuhäufen, als einst heimlich in der Nacht, wahrscheinlich durch unzufriedene Morsumer, sämtliche Baustoffe dorthin gebracht wurden, wo die Gegend höher war und der größere Teil Morsums lag. Man nahm dieses Geschehnis für ein Wunder oder für einen Fingerzeig Gottes und erbaute die Kirche auf dem neuen Platz.

Von dem einst im südlichen Haff gelegenen Dorf Gatum soll, als die Gewässer dort überhand nahmen, ein Teil dahin gebaut sein, wo jetzt die östlichsten Häuser Archsums liegen.

Ungefähr sechshundert Schritt im Südwest vom Ufer des Archsumer Büürlaag entdeckte man 1841 eine alte Begräbnisstätte. Früher sollen in derselben Gegend ab und zu Brunnenplätze aus alter Zeit zum Vorschein gekommen sein. Das sind vielleicht Spuren von Stedum oder Steidum, das dem Sagen nach 1362 untergegangen ist.

VON DEN SCHWEDISCHEN KRIEGERN AUF SYLT

List hatte von altersher für die dänischen Könige und für alle Handel und Schiffahrt treibenden Bewohner der Westküste Schleswigs und Jütlands großen Wert wegen des tiefen Fahrwassers bei List, der sogenannten Lister Tiefe, sowie wegen des früher vortrefflichen Hafens zwischen dem Dorfe Neu-List und dem Ellenbogen. Handelsschiffe waren für die Lister eine gewöhnliche Erscheinung. Einige suchten bei Sturm oder widrigem Winde Schutz bei List, andere hatten dort ihre Hauptstation für den Schollen-, Schellfisch-, Rochen- und Austernfang. Die meisten von und nach Röm, Ballum, Hoyer, Tondern oder Sylt segelnden Handelsschiffe mußten an List vorbei und legten oft daselbst an, namentlich um Ballast einzunehmen. Nicht selten sahen die Bewohner Lists selbst Kriegsflotten ihren Sandhöhen zusteuern. Ja, mehr als einmal war die Lister Tiefe der Schauplatz blutiger Schlachten.

Während des dreißigjährigen Krieges fiel unerwartet der schwedische General Torstenson von Deutschland aus in Schleswig und Holstein ein, und ein Krieg begann zwischen den Dänen und Schweden, durch den die Nordfriesischen Inseln und namentlich Sylt sehr unangenehm berührt wurden. Am 16.

Mai 1644 lag eine schwedisch-holländische Flotte in der Lister Tiefe vor Anker. Sie bestand aus 26 schwedischen und 4 holländischen Schiffen. Da kam frühmorgens der dänische König Chrsitian IV., von Helgoländer Lotsen geführt, mit neun Rangschiffen in die Tiefe bei List herein und traf hier die von ihm gesuchte feindliche Flotte. Sofort, um sechs Uhr morgens, entstand ein heftiges Gefecht.

Anfänglich neigte sich der Vorteil auf die Seite der Schweden und Holländer. Das dänische Admiralschiff wurde übel zerschossen; der König selbst sank verwundet nieder, und den Dänen wollte der Mut entfallen. In diesem Augenblick allgemeiner Bestürzung aber ermutigte ein Ballumer Matrose durch sein Beispiel die Verzagten und rief: »Ei was, der König ist nur ein Mann!« Die Dänen schämten sich und griffen von neuem zu den Waffen. Der königliche Seeheld erholte sich wieder und gewann bald die Oberhand. Vielleicht würden die leichten schwedischen Schiffe dem ferneren Kampfe entlaufen sein, wenn nicht eine eingetretene Windstille sie zum Standhalten genötigt hätte. Sechs Stunden waren sie dem Feuer des schweren Geschützes der dänischen Linienschiffe ausgesetzt und wurden jämmerlich zugerichtet. Erst der eintretende Flutstrom brachte sie aus dem Bereich der dänischen Kanonen. Da sie nicht tief gingen, so flüchteten sie in die seichten Wattströme östlich von Sylt und Röm, wo sie vor der Verfolgung von seiten der schweren dänischen Schiffe geschützt waren.

Der König ankerte anfangs mit seinen Rangschiffen in dem Hafen zwischen List und Ellenbogen, der damals noch nicht so versandet war wie jetzt und der nach diesem Aufenthalt des Königs später der Königshafen genannt wurde. Nach einigen Tagen segelte er jedoch mit seiner Flotte wieder in die eigentliche Lister Tiefe und vor deren Mündung hinaus, woselbst er in der Erwartung kreuzte, die Schweden und Holländer würden hinauszuschleichen versuchen. Diese lagen indes ruhig bei Sylt und List, begruben ihre Toten, verbanden ihre Verwundeten und suchten, ihre Schiffe auszubessern. Die Zahl ihrer Toten wird auf 800 oder gar auf 1100 angegeben.

Obgleich die Landschaft Sylt zu dem neutralen Gebiet des gottorpschen Herzogs gehörte, plünderten die Schweden doch auf der Insel und erpreßten unter Drohungen Geld und Lebensmittel. Besonders hart und grausam trat der schwedische Kapitän Jens Hofmester auf. Er kam am 20. Mai nach Sylt. In Morsum drohte er: »Vor morgen mittag will ich zu euch kommen mit viel Soldaten und euch so ›schantzeren‹ daß nicht ein Stock soll bei dem andern bleiben.« Die armen Frauen jammerten und baten um Gnade. Er aber antwortete: »Ich werde euch die Ohren vom Kopf schneiden lassen.« Boh Nickelsen aus Archsum nahm er gefangen und fuhr nach Keitum. Inzwischen liefen die Bauern in großer Bekümmernis von einem zum andern, um Geld zu bekommen. So erpreßte Jens Hofmester über 400 Reichstaler.

Während er noch in Keitum war, kam die Nachricht, daß ein dänisches Kriegsschiff südlich von Morsum gelandet sei. Sogleich eilten einige Sylter zu Pferde dorthin und baten um eilige Hilfe gegen den Erpresser. Die dänischen Soldaten jagten nach Keitum. Sie kamen gerade zu rechter Zeit, denn die Wagen standen bereit, um den schwedischen Räuber mit seinen Leuten nach List zu fahren. Sie nahmen ihn gefangen und führten ihn nach Morsum. Daselbst erschossen und begruben sie ihn am Südufer, und das Geld teilten sie unter sich. Kurz darauf wurde die Leiche von Hunden aufgescharrt und aufgefressen.

Bald landeten noch mehr dänische Transportschiffe bei Morsum, und vierhundert dänische Soldaten quartierten sich auf Sylt ein. Sie sollten die Schweden und Holländer von List vertreiben und sie nötigen, durch die Lister Tiefe seewärts zu entfliehen, wo König Christian immer noch mit seinen schwerfälligen Schiffen kreuzte. Die Dänen fühlten sich jedoch zu schwach zu einem solchen Unternehmen gegenüber einer Flotte von 26 bis 30 Kriegsschiffen. Daher forderten sie die Sylter auf zur Mithilfe. Heimlich verabredeten nun viele Sylter und noch mehr Sylterinnen einen Kriegszug nach List in Gemeinschaft mit den Dänen, um die verhaßten Schweden zu vertreiben. Die

Männer wollten sich so gut wie möglich mit Schwertern und Flinten bewaffnen, die Weiber aber ihre Sensen, Heidehacker und Dreschflegel mitnehmen, die sie so meisterhaft zu handhaben pflegten. Überdies verabredeten die Weiber, in ihren Festkleidern an dem Feldzuge teilzunehmen: schwarze, mit goldenen und silbernen Zieraten versehenen Hüüven auf dem Kopfe, ähnlich verzierte Kaartels als Brustbekleidung, kurze Siisten oder Röcke von Schafpelzen mit roten Ärmeln und rotem breiten Leibgurt, dazu rote Strümpfe. Jedoch wird in der Sage ganz besonders erwähnt, daß sie, um sich ein noch mehr kriegerisches und wildes Aussehen zu geben, ihre Siisten umkehren und die rauhe Seite nach außen wenden wollten. Am 25. Mai sollte der Zug vor sich gehen.

Die Feinde lagen mit ihren Schiffen ruhig bei List vor Anker, teils auf der Lister Rede, dem äußeren Teil des Königshafens, teils in dem Königshafen und bei Uthörn. In den letzten Tagen hatten sie eine Schanze auf Meelhörn aufgeworfen, freilich nicht, weil sie einem drohenden feindlichen Überfall dadurch begegnen wollten, sondern um fünfzig schwedische Reiter darin aufzunehmen, die sie vom Festlande erwarteten. Mit Hilfe dieser Reiter wollten sie Rache nehmen wegen der Ermordung des Kapitäns Jens, und nichts Geringeres hatten sie im Sinne, als ganz Sylt zu verbrennen.

Am Morgen des 25. Mai waren sie in großer Menge bei List an Land gestiegen und hatten im Freien Feuer angezündet und Mittagessen gekocht. Das Mahl war fertig, und sie hatten sich eben sorglos gelagert, um sich die Speisen wohlschmecken zu lassen: da überfiel sie plötzlich ein panischer Schreck. Rings um das kleine Dörfchen List waren die Dünen und Heidehöhen wie durch einen Zauber mit Menschen in den seltsamsten Trachten und von wildestem Aussehen bedeckt. Die Sonne brach eben hinter den Wolken hervor, und die Schweden sahen deutlich die im Sonnenschein glitzernden Waffen und Zieraten einer Armee, die mit großem Geschrei von den Höhen und vom Strande herannahte. Nur die Seite nach ihren Schiffen blieb ihnen noch offen. Allgemeine Verwirrung entstand unter ihnen.

In wilder Hast flohen sie auf ihre Schiffe und ließen ihre Mahlzeit, ja, zum Teil ihre Waffen im Stich. Sofort lichteten sie die Anker und segelten, da der Wind und der Strom eben günstig für sie waren, noch am selben Nachmittag durch die Lister Tiefe in die See hinaus. Die fünfzig geharnischten Reiter, die schon auf Jordsand standen und nach Sylt sollten, um das ganze Land zu verbrennen, verloren auch den Mut und gingen wieder zurück auf das feste Land.

Die Sylter Chronisten schildern die Vertreibung der Schweden und Holländer als ein Wunder, und der Landvogt Peter Taken, ein Zeitgenosse dieser Begebenheit, schwieg dazu, ohne Zweifel aus politischen Rücksichten. Es hätte ihn womöglich bei seinem neutralen Fürsten in Ungnade gebracht, wenn er das scheinbare Wunder erklärt hätte, durch das die Sylter die Feinde bei List so leicht los wurden.

EIERKÖNIG PETER DER KLEINE

DER EIERKÖNIG UND DIE EIERDIEBE

Ehe man an Peter den Großen dachte, lebte bereits Peter der Kleine. Er war wie jener ein Regent, nur mit dem Unterschiede, daß er ein sehr kleines Reich beherrschte. Seine Herrschaft erstreckte sich nämlich nicht weiter als über das Lister Dünengebirge auf Sylt, und die Leute nannten ihn Eierkönig von List. Sein Taufname war Peter Hansen.

Peter der Kleine, auch Lille Peer genannt, gehörte zu jenen kurzen, breiten, eckigen Gestalten mit eisernen Naturen, wie sie in nördlichen Küstengegenden nicht selten vorkommen, zu jenen Menschen, welche, nachdem sie jahrelang von Wind und Wellen gleichsam gepeitscht worden sind, in dem Grade rauh und abgehärtet werden, daß sie zu der Sage von den wandelnden Steinblöcken am Ufer der Nordsee Veranlassung gegeben haben mögen. Er besaß ungewöhnliche körperliche Kräfte. In seiner Jugend soll er ein Schiffsboot über das eine Stunde breite Lister Dünengebirge getragen haben. Wie alle Sylter fuhr er in jungen Jahren zur See. Als er einst mit den übrigen Seefahrern von der Insel im Frühjahr an dem Ufer der Wiedingharde angekommen war, um von da mit einem Schiff nach Holland oder Hamburg zu fahren, mußten sie dort warten. Das Schiff, mit dem sie weiterfahren sollten, lag nämlich mit vollen Biertonnen beladen an der Schleuse, und die Wiedinger schafften die Ladung über den Deich. Um die Arbeit zu fördern, begannen die Sylter ebenfalls zu löschen; je zwei trugen zusammen eine der schweren Tonnen. Da konnten sich die Wiedinger nicht enthalten, über die Insulaner zu spotten; sie pochten auf ihre eigene Stärke und besonders auf die ihres Anführers, den sie Stark Anders nannten, der allein zwei Tonnen aufs Mal zu tragen vermochte. Es wäre vielleicht unter den damals schlagfertigen Friesen eine große Prügelei entstanden, wenn nicht Lille Peer sich erboten hätte, ebensoviel zu tragen wie der starke Wiedinger. Die beiden trugen nun um die Wette je zwei Tonnen Bier aufs Mal und löschten, von allen bestaunt, den Rest der Ladung allein.

Eigentümlich ist es, daß dieselben Kraftproben, die man dem Stark Anders beilegt, auf Sylt von Lille Peer erzählt werden.

Unter dem Birkenzepter des Eier- oder Dünenkönigs standen nun einst alle Sandhügel auf dem Listlande samt den Tausenden von Vögeln, die darauf nisten. Zwei Drittel aller Eier, oft 40 000 bis 50 000 Stück im Jahre, waren seine Haupteinnahmen, gleichsam Steuern, die er von seinen flüchtigen Untertanen für die Mühen und Sorgen, die er sich ihretwegen machte, alljährlich erhob. Überdies war er Vater einer Schar von 22 Kindern, die folglich ebenfalls alle unter seiner Herrschaft standen und ihm in seinen Geschäften, z. B. beim Ausgraben der Bergentennester, beim Aufsuchen und Einsammeln der Möweneier, manche Dienste leisten mußten. Namentlich hatte er ihnen das Sammeln der kleinen Eier, der Kiebitz-, Meerschwalben-, Austernfischer-, Strandläufer- und Regenpfeifereier, ganz übertragen. Außerdem stellten seine Kinder den Hasen und Kaninchen Schlingen und weideten die Schafe und Lämmer der Einwohner Lists unter seiner Oberaufsicht. Sie erkannten in den Dünen überhaupt keine höhere Obrigkeit an als die ihres Vaters; jedoch hatten sie auch gewaltige Achtung vor einem halbwilden Stier, der damals in den Lister Dünen umherstreifte.

Dieser Stier spielte in der Geschichte unseres Eierkönigs eine nicht unwichtige Rolle. Peter der Kleine duldete ihn mit vieler Nachsicht in seinem Reiche, weil das bösartige Tier manchen Eierdieb verscheuchte, indem es wie wütend auf die roten Kleider der Römöer- und Sylterinnen der damaligen Zeit loszustürzen pflegte. Als aber der Stier gar zu wild und ungebärdig wurde, als auch mancher unschuldige Reisende sich über ihn beschwerte, da mußte endlich der Dünenregent einschreiten. Das Urteil über den Beklagten lautete auf lebenslängliche Einsperrung, und zur Vollziehung dessen zog ganz List, der König an der Spitze, eines Tages in die Dünen. Nach langem Suchen fand man den Übeltäter in einem sumpfigen Dünental grasend. Man lockte ihn durch ein rotes Tuch herbei, der starke Peter ergriff ihn bei den Hörnern und hielt ihn nicht bloß fest, sondern warf ihn auf den Rücken, damit die übrigen Lister dem wütenden Tiere in aller Bequemlichkeit Fesseln anlegen könnten.

Von diesem Zeitpunkt an, als nunmehr die Furcht vor dem wilden Bullen der Lister Dünen verschwunden war, mehrten sich die Eierdiebe in dem Gebiete Peters mit jedem Jahre. Immer frecher traten sie auf und verbitterten dem Eierkönig das Leben, so daß er wohl oft in vollem Ernste dem bösen Stiere wieder die Freiheit wünschte.

Eines Sommernachmittags stand er, auf seinen Stab gelehnt, in sehr trüber, ärgerlicher Stimmung in einem Dünental. Er hatte am Morgen und Vormittag alle seine Dünen und Dünentäler durchsucht und überall nur leere Nester gefunden. Freilich hatte er schon oft in seinem Dünenreiche Eierdiebe ertappt und sie daraus verjagt, hatte sogar einmal mit zwölf Römöern zugleich gekämpft und sie alle zur Flucht genötigt; allein seitdem allerlei fremdes Fischervolk und verdächtiges Gesindel sich an den Ufern und auf den Gewässern Lists umhertrieb, waren die Möwennester leer geworden, ohne daß er seinen gewohnten Zoll an Eiern bekommen hätte. Ja, die Möwen begannen bereits unter ihrem langgedehnten, melancholischen Klageruf: »Aau, aau!« von ihrer geliebten Heimat wegzuziehen, wo aller Friede, alle Ordnung und Ruhe gewichen schienen. Es ärgerte den Eierkönig vor allem, daß die Beraubung der Nester während der letzten Zeit stets im Dunkel der Nacht oder im Zwielicht und Nebel der Abend- und Morgenstunden geschah, so daß er die Täter nicht einmal entdecken, viel weniger sie bestrafen konnte. Nachdem er, in tiefes Nachdenken versunken, mehrere Stunden fast auf einem Fleck zugebracht hatte, wurde ein Plan in ihm reif, nach dem er sich an den Dieben rächen wollte.

Bis gegen Mitternacht blieb er in einer mit Weidengebüsch und langem schilfartigen Grase bewachsenen Dünenschlucht. Als er später bemerkte, daß die Möwen bald hier bald dort in ihrer nächtlichen Ruhe gestört wurden und mit großem Geschrei von ihren Nestern aufflogen, begab er sich an das Meeresufer in der Erwartung, daß die Eierdiebe nunmehr gelandet sein würden. Während eines Marsches um die Dünenhalbinsel fand er an dem Ufer nicht weniger als siebzehn Boote von Eierdieben. Alle Fahrzeuge waren von ihrer Mannschaft verlassen und zum Teil hoch auf den Strand hinaufgeschleppt. Vermöge seiner großen Stärke schob Peter sie alle ins Meer und ließ sie treiben. Darauf ging er, zufrieden mit seiner Rache, nach seiner Wohnung, um der Ruhe zu pflegen.

An dem folgenden Tage, nachdem die Eierdiebe vergebens ihre Boote gesucht hatten, herrschte eine heillose Unordnung in den Lister Dünen. Hier schossen einige, nachdem sie den Vögeln die Eier genommen hatten, zum großen Ärger des Eierkönigs, Möwen und sogar Bergenten, diese fast zahmen, gleichsam heilig geachteten Vögel, denen der Sylter nie nachstellt; dort hatte sich eine Gruppe von Eierdieben in einem Dünenwinkel rings um ein Feuer gelagert und verzehrte ihre Beute; wiederum eine andere Gruppe stahl Lämmer von der Weide, um sich davon ein Mahl zu bereiten: alle waren voll Erbitterung auf den Eierkönig, dem sie mit Recht den Verlust ihrer Boote zuschrieben, und schwuren ihm blutige Rache. Freilich fanden einige im Verlauf des Tages nach langem Suchen ihre Fahrzeuge am Ufer angespült und segelten ab; andere wurden, von vorübersegelnden Schiffen mitgenommen; allein viele trieben sich den ganzen Tag in den Lister Dünen umher, zündeten hier und dort das dürre Gestrüpp der Sandhügel an und ängstigten die armen Lister in dem Grade, daß selbst der Eierkönig mit seinen Söhnen sich erst gegen Abend wieder in die Dünen wagte, um die noch immer rauchenden Feuerstellen zu löschen, damit nicht ein gefährlicher Dünenbrand daraus entstünde. Erst in der darauf folgenden Nacht verloren sich die letzten der erbosten Räuber von der Halbinsel.

Als Peter der Kleine spät in der Nacht wieder heimkehrte, fand er die daheimgebliebenen schwächeren Glieder seiner zahlreichen Familie in großer Angst und Sorge um einen kleinen vierjährigen Knaben, der seinem Vater, dem Eierkönig, in die Sandberge nachgelaufen und noch nicht wieder heimgekehrt war. Es war natürlich, daß Peter samt seinen rüstigen Kindern sofort wieder in die Dünen zurückkehrte, ja, daß ganz List auf die Beine kam, um den verlorenen Atten, den Liebling aller, zu suchen. Die Furcht vor den Eierdieben war plötzlich diesem lobenswerten Eifer gewichen, und unverdrossen mühte man sich während der ganzen Nacht ab, jeden noch so verborgenen Schlupfwinkel zu untersuchen, um des Verlorenen wieder habhaft zu werden. Man kehrte jedoch spät am Morgen des folgenden Tages leider ohne ihn zurück, und obgleich auch späterhin alle möglichen Nachforschungen angestellt wurden: der Knabe fand sich zur großen Trauer seiner Eltern und Geschwister nicht wieder.

Es war überdies in der Unglücksnacht auch das Boot des Eierkönigs verschwunden, das in der Nähe der Wohnung am Ufer vor Anker gelegen hatte. Beide Verluste wurden in der Folge als Rache der bösen Eierdiebe gedeutet.

Jahre vergingen unterdes und linderten allmählich den Schmerz der trauernden Eltern; doch blieb unverkennbare Schwermut in dem Gemüte des Vaters zurück. Peter der Kleine fand übrigens alle Sommer neue Ursachen, sich über die vielen Eierdiebe zu ärgern; allein er stieß ihre Boote nie wieder ins Wasser.

DER STARKE PETER UND DER JÜTISCHE EDELMANN

An einem heiteren Sommertage der ersten Jahre des 18. Jahrhunderts kam von Norden her, auf schweren Holzschuhen, in leinerner Jacke und lederner Hose, mit unbedecktem Haupte, ein stämmiger Wanderer in dem Flecken Hoyer an. Es war einer jener zahlreichen Jütländer, welche, um dem Drucke einer übermäßig streng gehandhabten Leibeigenschaft zu entgehen, ohne Erlaubnis ihrer Gutsherren ihr Vaterland verließen. Der Wanderer hatte einem tyrannischen Edelmann gedient, der seine Leibeigenen vor seine Wagen und Pflüge spannen ließ, um seine kostbaren Pferde zu schonen. Eine solche Behandlung hatte die Leute empört, sie waren alle davongelaufen, und Sören Nielsen war glücklich bis nach Hoyer gekommen. Einen Augenblick später sah man ihn mit den plumpen Holzschuhen in der Hand nach dem Meeresufer laufen und sich auf dem Fährschiff nach der Insel Sylt einschiffen.

Fast um dieselbe Zeit galoppierte, ebenfalls von Norden kommend, ein stattlicher, breitschultriger Reiter durch die kotigen Straßen des Ortes. Er erkundigte sich nach einem entlaufenen Leibeigenen, dessen Spur er bis hierher verfolgt hatte. Ohne Bedenken zeigte man dem jütischen Gutsherrn, denn ein solcher war der Reiter, den segelfertigen Fährmann; doch riet man ihm zugleich, sich nicht zu viel von seinen Bemühungen zu versprechen, so lange sein Knecht sich unter den Friesen befinde. Der Rat war indes bei dem stolzen Edelmann übel angebracht. »Des Königs Gesetz und meine ererbten Gerechtsame gelten sowohl zu Wasser wie auf dem Lande!« schalt er und sprengte nach dem Meere hinunter. Allein er kam zu spät. Der Fährmann war eben abgesegelt und lehnte sich jetzt mit Gleichmut auf sein Ruder, ohne auf die Zeichen und das Rufen des vornehmen Mannes zu achten.

Schäumend vor Ärger und in allen skandinavischen Mundarten fluchend warf der Jüte sein Pferd herum und ritt wieder in den Flecken zurück. Hier befahl er, ihm sofort ein Fahrzeug zu verschaffen, damit er dem Flüchtling nachsetzen könne. Die Leutlein sahen ihn mit großen Augen an und meinten, das würde schwer halten. Endlich besann sich ein altes Mütterchen, daß im Flecken ein Schuster wohne, der bei Gelegenheit als Schiffer fahre. Schnell wurde der Schuster herbeigeholt und ihm im Namen des Königs geboten, den Freiherrn Ditlef Rantzau nach Sylt zu befördern. Der Schuster gehorchte nicht ungern, da er sich neulich einen Kompaß gekauft hatte, dessen Gebrauch er freilich nicht verstand; aber er wollte die schöne Gelegenheit nicht versäumen, damit zu prahlen.

Der Edelmann stieg ein, und fort ging es. Die Seereise verlief glücklich, und die Landung auf der freien Frieseninsel geschah abends neun Uhr. Doch nun fehlte dem Ritter der Führer in dem fremden Lande. Alles schien hier tot und öde zu sein; die Landung war nämlich an der Nordspitze der Insel geschehen. Ohne Aufenthalt setzte daher der Edelmann seine Füße in Bewegung, dem Innern der Insel zu. Er traf aber nur Dünen, keine Häuser, und bald spürte er die Mahnungen seines lange schon fastenden Magens. Da ließ das Geschick ihn mehrere große Möweneier finden, wovon er sofort einige verzehrte, während er die übrigen in seine Rocktasche versenkte. So gestärkt setzte er seinen Weg längs dem von Vögeln wimmelnden Königshafen fort, verfolgt von schreienden Möwen und naseweisen Seeschwalben, die ihm nach dem Kopf hackten, wenn er unschuldigerweise ihren Nestern zu nahe kam. »Verfluchtes Land ohne Kultur!« schrie der Ritter und zog sein Schwert aus der Scheide, um damit den unverschämten Schwarm abzuwehren.

Plötzlich sprang ein stämmiger Kerl in rauhen, wollenen Kleidern, einen Knittel über dem Kopf schwingend, hinter einem Mooshügel hervor und stürzte auf den Edelmann zu. Es war der Eierkönig Lille Peer, in dessen Gebiet der Däne ohne Erlaubnis eingedrungen war. Barsch und unhöflich wie ein Eierkönig, der nur mit Eierdieben zu verkehren pflegt, redete der rohe Dünenbewohner den adligen Herrn an und beschuldigte ihn geradezu, Eier gestohlen zu haben.

Ein arges Ungewitter begann in dem Innern des Edelmannes zu toben; doch bemühte er sich noch, die aufrührerischen Lebensgeister dem ungewöhnlich starken Sylter gegenüber zu zügeln. Mit vielem Stolz tat er kund, daß er der Freiherr Christian Ditlef Rantzau sei, Besitzer der Grafschaft Löwenholm im Amte Randers, und daß er seine achtzehn ihm entlaufenen Leibeigenen suche, von welchen mindestens einer nach Sylt entkommen sei.

Das gab freilich dem Eierkönig andere Ansichten von seinem Gefangenen; allein er behandelte ihn gleichwohl wie einen auf verbotenem Grund ertappten Herumstreicher, indem er die hochgewölbten Rocktaschen des Freiherrn befühlte, und als er den gelben Inhalt der Möweneier herausfließen sah, wiederholte er seine Beschuldigung.

Jetzt brach die Geduld des Edelmannes. Er hieb mit dem Schwert nach dem derben, unhöflichen Dünenbewohner und würde ihm den Kopf gespalten haben, wenn dieser ihm nicht zuvorgekommen wäre. Mit seinem wuchtigen Knittel schlug Peter seinem Gegner das Schwert aus der Hand und schleuderte es weit in den Königshafen hinaus. Als der Ritter sich entwaffnet sah, kehrte er um und suchte sein Heil in der Flucht. Der gewaltige Peter rief ihm nach: »Du Eierdieb und Menschenplager, wage dich nicht wieder nach der freien Frieseninsel; hier gilt keine Adelsherrschaft noch Leibeigenschaft! Wer seine Zuflucht zu uns nimmt, der wird ein freier Mann.«

Der Freiherr fand das Boot des Schusters noch am Ellenbogen vor Anker liegend und segelte, als die Flut kam, ziemlich entmutigt nach dem Festland zurück, das Herz voll Grimm und Ärger.

Sein entlaufener Leibeigener Sören Nielsen, auch Bitte Sören genannt, war unterdes längst unweit List gelandet. Am Ufer fand er eine schlafende Hirtin, des Eierkönigs liebliche Tochter Karen. Ahnungsvoll dachte er sofort: »Diese wird einst die Meine werden.« Er fuhr von nun an mit den Syltern zur See, lernte später in Morsum die Steuermannskunde und gewann wirklich das Herz und die Hand der Jungfrau Karen. In der Folge wurde er ein glücklicher und geachteter Kapitän auf einem Flensburger Handelsschiff.

DER STRANDSEGEN

Vierzehn Jahre waren vergangen, seitdem Lille Peer seinen Sohn Atten verloren hatte. Er war merklich gealtert, doch immer noch ein rüstiger Mann. Seine Söhne waren nach und nach alle zur See gefahren, und mehrere lagen schon tot auf dem Meeresboden; daher lebte er mit seiner Gattin und seinen unverheirateten Töchtern jetzt ziemlich einsam auf seiner Dünenhalbinsel. Wieder stand die Möweneierzeit vor der Tür, und mit trüben Gedanken gedachte der gealterte Dünenbeherrscher der immer frecher werdenden Eierdiebe, die ihn freilich selten an Leibeskräften, aber nur gar zu oft an List und Gewandtheit übertrafen. Häufig wehende westliche Stürme verzögerten freilich in diesem Jahre den Pflanzenwuchs und das Eierlegen der See- und Sumpfvögel, so daß der Eierkönig nicht einmal ein neugemachtes Möwennest bisher hatte entdecken können, obgleich die letzte Hälfte des sonst so eierreichen Maimonats bereits herangekommen war.

Auch an einem kalten, rauhen Tage, an dem Peter der Kleine von einer hohen Düne die große Sand- und Wasserwüste überschaute, stürmte es heftig, und zwar aus Südwest. Wirbelnd stob der Flugsand von den kahlen Dünengipfeln empor und lagerte sich wie ein Nebel über die Täler. Das bleiche Dünengras beugte sich zitternd vor dem entfesselten Winde, der wie ein Wüterich über Meer und Land daherzog. Einige Seevögel hockten, Schutz suchend, unter den Dünen- und Uferabhängen; andere jagten einander unter großem Geschrei neidisch die spärliche Beute ab, die sie in den sumpfigen Dünentälern fanden. Jenseits des Dünengebirges im Westen der Insel schien eine ganze Armee von haushohen, schaumbedeckten Meereswogen im Anmarsch zu sein, um die wehrlose Insel in den weiten Schoß der Nordsee hinunterzureißen. Schauerlich klang der Donner der Brandung an dem westlichen Strande des Eilandes durch das Geheul des Sturmes wie eine feindliche Kanonade durch ein Grabgeläute. Unter solchen Wahrzeichen rückte die finstere, schreckensvolle Sturmnacht heran. Der Wind schien noch keineswegs seinen höchsten Punkt erreicht zu haben; die Flut stieg noch fortwährend, obgleich sie schon längst ihre gewöhnlichen Grenzen überschritten hatte.

Unterdessen hatte das weitsichtige Auge des Dünenbewohners fern im Südwest auf dem Meere ein von dem Sturm ereiltes Schiff erspäht. Die Wellen warfen es auf und ab und stießen es unaufhaltsam dem Strande zu. Ein Schiffbruch drohte, das erkannte der Eierkönig sofort. Schnell band er einen Heidebüschel an einen Pfahl, der auf dem hohen Mettenberge stand, um durch dies allgemein bekannte Zeichen seine Dorfgenossen herbeizurufen. Dann begab er sich eilig nach dem westlichen Ufer der Halbinsel, um den in Gefahr schwebenden Seefahrern, wenn möglich, Hilfe zu leisten.

Als er daselbst ankam, hatte das Schiff sich dem Strande bis auf ein halbes Dutzend Kabellängen genähert und befand sich gerade in dem schmalen Fahrwasser zwischen dem Salzsand und dem Listland. Es konnte durch eine geschickte Leitung noch gerettet und in den sicheren Hafen bei List geführt werden. Sobald der Eierkönig diesen günstigen Umstand erkannte, suchte er durch Schwenkungen mit seinem Hut den Schiffern Zeichen zu geben, in welche Richtung sie das Schiff lenken müßten. Eine Zeitlang schien es, als ob man ihn auf dem Schiff verstanden hätte. Man steuerte, soweit der Sturm und die Wellen es erlaubten, nordwärts und wurde dabei von der Strömung unterstützt. Als aber am Nordende der Fahrstraße, hart an der Nordwestecke des Listlandes, die schwierige Durchfahrtsstelle kam, als vorne und seitwärts Brandungen sich dem Schiff entgegenstellten, da schien der Kommandant plötzlich alle Besonnenheit zu verlieren.

Das Schiff war in diesem Augenblick kaum hundert Schritt vom Ufer entfernt und wurde gerade von einer ungewöhnlich großen Welle hoch emporgehoben; die untergehende Sonne, die während dieses Tages selten sichtbar gewesen war, warf bei ihrem Scheiden noch einige trübe rote Strahlen auf die schauerliche Szene und beleuchtete die weißen, flatternden Locken und das gebräunte Gesicht des auf der äußersten Nordwestspitze seines Dünengebietes stehenden Eierkönigs: da war es, als ob den Kapitän des Schiffes, der einen Augenblick den alten, noch immer winkenden und rufenden Peter scharf angeblickt hatte, eine abergläubische Furcht ergriffe, als ob eine geheime, böse Macht sich seiner bemeistere. Er stieß in wilder Hast den steuernden Matrosen vom Ruder und richtete den Lauf des Schiffes auf die Riffe des Salzsandes.

Einen Augenblick später stieß das Schiff auf; noch einmal bäumte es sich wie ein sterbendes Pferd hoch empor; dann stürzte es zerschellend abermals auf das harte Riff, und nur Trümmer und ertrinkende Menschen kamen wieder zum Vorschein. Sie trieben, von dem Strome erfaßt, in das breitere und tiefere Fahrwasser der Listertiefe und entschwanden bald den Blicken des Eierkönigs. Nur ein leblos treibender Jüngling kam ihm nahe gnug, daß er ihn erfassen und auf den trockenen Sandboden schleppen konnte. Peter stellte sofort Belebungsversuche an, und siehe, sie gelangen. Zur großen Freude des braven Mannes schlug der Schiffbrüchige die Augen auf, ja, fühlte sich bald stark genug, um sich nach der Hütte seines Retters führen zu lassen.

Während die Eierkönigin den Fremdling mit einem stärkenden Mahle erquickte und ihm ein warmes Nachtlager bereitete, erstattete Peter der Kleine seinem Nachbar, dem Strandvogt zu List, von dem Geschehenen Bericht.

Der pflichtvergessene Beamte hatte das aufgestellte Zeichen nicht beachtet und wunderte sich nicht wenig über das am Strande Vorgefallene; statt jedoch dem treuen Nachbar zu danken und das eigene Versehen zu erkennen, schalt er den Retter des Schiffbrüchigen einen unbefugten, ruhelosen Strandläufer, der durch sein Verhalten das Schiff von einer nutzbringenden Strandung abgelenkt habe. Es tat dem braven, uneigennützigen Eierkönig weh, sich so behandelt zu sehen, aber er schwieg und ging wieder nach seiner Wohnung zurück.

Hier hatte sich unterdes ein Vorgang abgespielt, auf den er auch im Traum nicht gekommen wäre. Es hatte sich nämlich der Schiffbrüchige entkleidet auf das ihm bereitete Lager gestreckt und war bereits eingeschlafen. Da führte ein geheimer Herzenszug die sorgsame Hausmutter noch einmal mit ihrer brennenden Tranlampe an das Bett des Jünglings. Sie betrachtete ihn mit einem ihr unerklärlichen Gefühl von Wohlgefallen und Wohlwollen. Es war ihr, als ob eine Stimme ihr zuflüsterte: er ist dein verlorener Sohn, sieh ihn nur recht an! Sie bückte sich mit ihrer Lampe über ihn, und ihr Blick fiel auf einige Muttermale in der Herzgrube des Schlafenden: es waren dieselben, die ihr vor vierzehn Jahren verschwundenes Kind gehabt hatte. In diesem Augenblicke des freudigen Wiederfindens und Wiedererkennens kehrte ihr Gatte von dem Besuche beim Strandvogt zurück.

Der Schläfer erwachte und wurde zu seiner Befremdung mit Liebkosungen von seiten der entzückten Hausmutter und mit Fragen von seiten des erstaunten Hausvaters bestürmt. Er erinnerte sich, daß er seine ersten Lebensjahre in einer Dünengegend verlebt habe, daß er einst seinem Vater in die Sandberge seiner Heimat nachgelaufen sei, sich aber dort verirrt habe und von einem fremden Manne, einem schwedischen Schiffer, der in den Dünen Eier gesammelt hatte, gefunden und weggeführt worden sei. Den Namen seiner Eltern und seinen Geburtsort wußte er nicht anzugeben. Seit seiner Entführung hatte er seinem Räuber, einem harten und gottlosen Mann, auf seinem Schiffe dienen müssen.

Die beglückten Eltern zweifelten nicht mehr daran, ihren einst verlorenen Sohn wiedergefunden zu haben. Nun wurde die Eier- oder Brütezeit der Vögel eine Freudenzeit für die Familie. Peter hatte in seinem wiedergefundenen Sohn einen tüchtigen Gehilfen, so daß sogar die Eierdiebe, wie ehemals vor dem bösen Stier, nicht wenig Furcht vor dem jungen, rüstigen Mitregenten des Dünenreiches bekamen.

Die fromme Else aber, die Frau des Eierkönigs, erkannte in der erwähnten Strandung und den damit verknüpften Umständen die waltende Hand Gottes, die den Ungerechten mit Blindheit schlägt, so daß er in sein eigenes Verderben rennt, die aber den unschuldig Leidenden errettet.

DER MEERRIESE BOH

Einst geriet Hather, der Erbauer von Hadersleben, mit seinem Bruder Hother in Streit. Die beiden Riesenbrüder kämpften lange miteinander. Endlich besiegte Hather den Hother und jagte ihn von seiner Residenz fort. Hother floh westwärts durch die Wälder und über die Heide, bis er an das Meer und in die Marsch kam. Hier ließ er sich nieder und baute einen neuen Ort, der nach ihm Hotherby und später Hoyer genannt wurde.

Es gab damals auch im Frieslande viele große und starke Riesen, Käämper genannt, aber auch viele schöne Frauen. Der weiseste und beste aller Riesen war Bolder oder Balder, der Boldixum auf Föhr erbaute. Die schönste aller friesischen Frauen aber war Nanna, die Tochter Gevers des Reichen. Bolder freite sie. Ihr Sohn war Forsete, der auf Helgoland erzogen wurde und dort zu großem Ansehen gelangte. Er war ein Richter und Schlichter aller Streitigkeiten der Friesen, und nach ihm wurde Helgoland Forsetes Land genannt.

Unterdessen hatte Hother die schöne Nanna zu sehen bekommen und suchte, sie zu entführen. Allein nun entstand ein gewaltiger Kampf zwischen Hother und Bolder. Lange schien der Sieg zweifelhaft, bis die Zauberin Hel, deren Liebling Hother war, diesem ein hieb- und stichfreies Kleid schenkte und ihm entdeckte, wie er seinen Feind überwinden könne. Hother überfiel nun den edlen Bolder, ermordete ihn und nahm die schöne Nanna mit Gewalt zu seiner Frau.

Nicht lange nachher kehrte der Bruder des Bolder, der gewaltige Meerriese Boh oder Buh, der auf Sylt seine Heimat gehabt zu haben scheint, von einer langen Seereise zurück. Als er bei dem Rüst in der Lister Tiefe ankam, erhielt er die Nachricht von dem schmachvollen Tod seines Bruders. Er ergrimmte dermaßen gegen Hother, daß er, da die Ebbe eben eingetreten war, nicht bis zur nächsten Flut wartete, sondern er bestieg sofort sein Pferd. Nur begleitet von seinem treuen Hunde, trat er die Reise von List nach Hoyer an, um den Tod seines Bruders zu rächen.

Er ritt in rasender Eile durch dick und dünn, über Land und Sand, durch Schlick und Wasser, so daß er unweit List bereits seinen Hund verlor. Das treue Tier konnte ihm nicht weiter folgen und blieb dort liegen. Die Stelle, wo das geschah, heißt Höntje und ist eine reiche Austernbank.

In der Westerlei glitt ihm der Futtersack, die Tracht, von dem Rücken des Pferdes und trieb an die Sandbank, welche nach der Zeit immer die Dracht genannt wurde.

Er ließ sich nicht Zeit, den Sack mit dem Futter für sein Tier wiederzuholen, sondern jagte immer weiter, bis das arme hungernde Pferd auch erlag. Das geschah auf der großen Sandbank, die noch der Hengst heißt.

Jetzt war der rasende Seeriese aber bereits dem Festlande nahe, und mit großen Schritten legte er den Rest des Weges zu Fuß zurück. Er schnaubte und fluchte, als wenn es donnerte, warf mit Hagel und Steinen um sich und fuhr wie ein Sturmwind ans Ufer. Den Mörder seines Bruders traf er auf dem Felde beim Pflügen. Mit seinem riesigen Jeßfork, der dreizackigen Schiffsgabel, fiel er ihn grob an und verwundete ihn an der Lende. Hother wehrte sich tapfer, riß seine Pflugschar aus der Erde und warf sie nach Boh. Doch der Wurf war zu weit und traf nicht. Nun durchbohrte Boh mit leichter Mühe den Hother, der, weil er unerwartet angefallen worden war, sein stichfreies Kleid nicht anhatte. So rächte Boh den Tod Bolders.

Unter den Sylterfriesen war Boh noch lange in großem Ansehen als ein Rächer des Unrechts. Es scheint, daß sie in dem nördlich von Keitum liegenden Boikenhügel sein Grab oder den ihm geweihten Hügel sich gedacht haben und daß sie ihn nicht selten zur Rache aufforderten, wenn ihnen ein Unrecht widerfahren war. Noch am Ende des 18. Jahrhunderts, als die Sylter sich von einem Landvogt hintergangen glaubten, fand man einst auf dem Boikenhügel eine Klageschrift gegen den derzeitigen Landvogt an ein Brett genagelt.

EIN SYLTER EULENSPIEGEL

PUA MODDERS HERKUNFT UND KINDHEIT

Von einem Manne, von dem es heißt, daß sein Schornstein stets gegen den Wind geraucht habe, will ich einiges erzählen, besonders aber von seinem Enkel.

In Puanstööwen, südlich von Westerland, lag ehemals ein altes Haus und zwar in einer engen Dünenschlucht. Jeder Wind wehte zuerst über das Haus hinweg, traf es aber nach dem Zurückprallen von der gegenüberliegenden Dünenwand und trieb mithin den Rauch des Schornsteins immer gegen den Wind, z. B. bei Westwind nach Westen.

Das Haus wurde von einem Manne bewohnt, der Pua Buun hieß und sich ebenso ungewöhnlich wie der Rauch seines Schornsteins verhielt. Er zahlte freilich pünktlich seine Steuern und Abgaben, sonst aber lebte er ganz für sich. Um die Priester und Vögte kümmerte er sich ebensowenig wie um die übrigen Leute und deren Sitten und Rechte, er gehorchte niemand. Freilich tat er niemand unmittelbar Unrecht, aber er war ein Hehler der Diebe und besonders der Stranddiebe, und er spottete über die Vögte und Priester, über alle ehrlichen Leute und ihren Gehorsam, ihren Gottesdienst und ihr ehrbares Verhalten.

Pua hatte eine hübsche Tochter, doch sagte man von ihr, sie

sei nie getauft worden und habe keinen Namen erhalten. Man nannte sie nur Mooder oder Modder, d. h. Mutter; selbst der wunderliche Vater nannte sie so, da ihre Mutter bei ihrer Geburt gestorben war.

Einst waren viele schlechte Leute auf Sylt gelandet. Sie waren braun von Farbe, machten Musik, wahrsagten und flickten alte Kessel; aber sie bettelten und stahlen auch, besonders in solchen Häusern, wo sie keine Männer trafen. Man nannte sie Taaters. Sie reinigten den ganzen Sylter Strand von allen angespülten Gütern. Mit den Rantumern und den Fischern von Hörnum handelten und tauschten sie gern. Diese Leute wiederholten in der Folge fast alle Jahre ihre Besuche auf Sylt, ohne daß man gewahr wurde, wo sie eigentlich ihren Schlupfwinkel hatten, bis eines späten Winterabends die schöne Mooder einen braunen Knaben gebar.

Der Junge wurde Pua Mooders oder Modders genannt. Als er heranwuchs, zeigte er früh die Gewandtheit, List und die diebischen Eigenschaften seines väterlichen Stammes, allein er glich nicht minder seinem Großvater an störrischem und rechthaberischem Wesen. Vor allem offenbarte er seine Verwandtschaft mit diesem durch seine Spottsucht. Er konnte es nicht lassen, alle Leute, die er traf, und nicht selten sogar seinen Großvater, zu necken und zu verhöhnen. Je größer und je ähnlicher er dem Großvater wurde, desto unleidlicher wurde er diesem. Als nun die noch immer hübsche Mooder einen armen, aber gutmütigen Fischer aus Rantum geheiratet hatte, jagte eines Tages der alte Pua den spöttischen Enkel fort und verbot ihm, je wieder in sein Haus in Puanstööwen zurückzukehren.

Pua Modders hatte daher von dieser Zeit an seine Heimat in dem Hause seines Stiefvaters in Rantum. Gewöhnlich trieb er sich jedoch nach eigener Laune an anderen Orten auf der Insel herum, haschend nach Kurzweil und Leckereien. Überall mischte er sich unter die Leute, führte die Einfältigen an, war naseweis gegen die Klugen, lachte über die Betrogenen und spottete sogar der Unglücklichen. Wurde er von jemand wegen eines Streiches ertappt und gezüchtigt, so wies er die Zähne, streckte die Zunge aus und schwur auch wohl blutige Rache. So wuchs Pua Modders heran, ein echter Sohn der Freiheit und der Wildnis, der niemand gehorchte, nach niemand etwas fragte. An keiner offenen Tür ging er vorbei, ohne mindestens seine Nase hineinzustecken; kein Hühner- und Bergentenloch war ihm zu eng, daß er nicht hineinkriechen und es ausleeren konnte. Meinten die Jäger, einen Hasen oder Vogel gefangen oder geschossen zu haben, so hatte nicht selten Pua Modders bereits das Tier erwischt, ehe sie ihrer Beute habhaft werden konnten; ebenso ging es oft den Fischern. Bei Strandungsfällen war er der flinkste Berger, aber auch der gefährlichste Dieb. Wo man ihn suchte, fand man ihn nicht, wenn man ihn aber nicht erwartete, war er da.

Je größer er wurde, desto weiter dehnte er seine Streifereien und Schalksstreiche aus. Bald fuhr er mit seinem Pflegevater auf den Fischfang aus, bald schiffte er in dessen Boot allein auf den Watten und an den Ufern der Insel umher. Selbst nach Föhr und Amrum, nach Röm und den Halligen wagte er sich. Überall trieb er Kurzweil und hatte die Leute zum besten. Wenn man ihn fangen und strafen wollte, war er wieder fort. Die Strandvögte aber hatten am meisten Plage und Ärgernis mit ihm.

GREIF MAL NACH DEM MOND

Einst war in der Nähe von Hörnum ein holländisches Schiff zugrunde gegangen. Viele Gegenstände des Schiffes und der Ladung wurden dort an den Strand gespült, unter anderem auch eine Menge holländischer Käse. Fleißig sammelten die Hörnumer Fischer, die Amrumer, die Rantumer und natürlich auch Pua Modders die angespülten Käse und die anderen Sachen, nur der Strandvogt von Rantum kam wie gewöhnlich zuletzt und erhielt am wenigsten.

Eines Abends traf Pua Modders zwei habsüchtige, aber höchst einfältige Föhrer, die eben in einem Boote auf der Ostseite von

Hörnum angekommen waren. Sie waren treuherzig genug, Pua Modders zu fragen, wo man die holländischen Käse finden könne. Der Schalk antwortete: »Am Ufer sind keine mehr, einige könnt ihr noch auf der Warft des Strandvogts finden und in der Nacht leicht wegnehmen, andere treiben im Haff umher. Seht, dort im Nordost taucht eben ein schöner, roter aus dem Wasser hervor. Wollt ihr den haben, so müßt ihr geschwind sein.«

Die Föhringer sprangen sofort wieder in ihr Boot, stießen ab und ruderten eiligst ins Haff, dem aufgehenden Vollmond nach. Infolge dieser Einfalt der Föhringer entstanden die Redensarten: »Greif mal nach dem Mond«, und »Er rudert nach dem Mond wie die Föhrer und meint, daß es ein holländischer Käse ist!«

PUA UND DER STRANDVOGT VON RANTUM

Als Pua von Hörnum zurückkehrte, begegnete ihm der Strandvogt von Rantum. Dieser schalt ihn einen Stranddieb und untersuchte seine Taschen. Als er nichts Verdächtiges fand, ließ er ihn mit der Mahnung gehen, sich nie wieder am Strande sehen zu lassen. Das verdroß den Schalk, und er beschloß, sich so bald als tunlich an dem Strandvogt zu rächen.

Als er vollends in das Dorf zurückgekehrt war, bemerkte er, daß eine alte, geizige Nachbarin, die ihm nie ein Stückchen Speck oder Brot gegönnt, ihre überjährigen Schinken zum Trocknen an die Mauer ihres Hauses gehängt und vergessen hatte, sie bei Einbruch der Nacht wieder einzuhängen. Er nahm sie alle bis auf einen leise von der Mauer weg und trug sie nach dem Strand. Dort legte er sie hin und her in dem Treibwalle nieder, als ob sie daselbst von der Nachtflut angespült wären. Pua berechnete: Wenn der Strandvogt von seinem Gang nach Hörnum zurückkehrt, wird er die Schinken finden und als Strandgut bergen. Dann aber wird er mit der geizigen Nach-

barin einen Prozeß bekommen und als Dieb verrufen werden. So wie er gedacht hatte, geschah es auch.

Ja, eines Morgens fand man gar einen großen Strohwisch, der mit dem Rock und Hut des Strandvogts angetan war, an einer Windfahne wie einen Dieb aufgehängt.

EIN SCHLECHTER STREICH AUF WESTERLAND-FÖHR

Pua Modders trieb sich unterdessen überall friedenstörend und schadenfroh herum. Einst war er in der Kirche auf Westerland-Föhr und schien sehr andächtig die Predigt anzuhören, während seine Hände, von Erwachsenen ungesehen, beschäftigt waren, die vor und bei ihm sitzenden Kinder zu kneipen und zu kitzeln, um sie zum Lachen und Schreien zu nötigen. Es entstand wirklich ein solches Gelächter und Gequieke während des Gottesdienstes in der Kirche, daß der Prediger in seiner Rede gestört wurde und ein hartes Wort gegen die Kinder fallenließ. Darüber verklagten die eitlen Eltern den Prediger vor dem Konsistorio in Ripen und hielten nicht auf, ihn zu verfolgen, bis er abgesetzt wurde.

AUF DEM RÖRBECKER MARKT

Von Föhr segelte Pua in dem Boot seines Stiefvaters nach Nordstrand, woselbst damals, im Herbst 1607, zum ersten Male ein Jahrmarkt gehalten wurde, und zwar zu Rörbeck an der Nordseite von Alt-Nordstrand. Unterwegs hatte er eine Krähe gefangen und lebend an die Spitze seines Mastes gebunden. Der arme gefesselte Vogel lockte durch sein Angstgeschrei eine Menge teilnehmender Verwandten herbei, die alle mit großem Gekrächze das kleine Fahrzeug umflatterten, während Pua Modders die Schlüt hinaufsegelte nach dem Markte am Rörbecker Siel.

Es erregte daher der Rantumer Bootschiffer bei seiner Ankunft und seinem Aufenthalt nicht wenig Aufsehen. Als er an das Land gestiegen war und sein Boot befestigt hatte, wandte er sich nach einem alten, weitläufigen Gebäude auf dem Deiche, das ehemals als Thing- und Gerichtshaus gedient hatte, jetzt aber als Wirtshaus galt. Er fand dort eine Menge Gäste vor, mehrenteils wohlhabende und trunkliebende friesische Bauern. Sie begrüßten sich gegenseitig und namentlich die Neuankommenden nach alter Weise mit dem Wunsche: »Waes Hial!« oder »Gots Freed!« und bekamen zur Antwort: »Din Hial!« oder »Toonk Juu!« Der Wirt, ein viereckiger Bauer, aber freundlicher Mann, redete seine Gäste als »frie, freeske Buermannen« und als »redlike, biderve Boyne« an, hieß sie alle willkommen und lud sie zum Sitzen und Trinken ein, sprechend: »Rüm Hart!« und »Drink Hial!«

Fast zu gleicher Zeit mit Pua Modders und seinem Gefolge hatte sich dem neuen Marktplatze ein von Ochsen gezogener Wagen genähert, auf dem Moordeiche von Westen kommend. Ein Schwarm mutwilliger Kinder und fremden Gesindels folgte dem Wagen, »Buh, buh!« schreiend. Zum Unglück hieß der alte, weißhaarige Besitzer und Lenker des Wagens Buh Ocksen. Er nahm daher das Geschrei der Straßenbuben für eine Beschimpfung und hieb tapfer mit der Peitsche unter sein neckisches Gefolge, bis dieses auseinanderstob und nach dem Siel am Hafen rannte.

Zornig und scheltend trat alsdann Buh Ocksen – er war der Besitzer von Süderoog – in die Wirtsstube. «Nein, es ist zu arg«, rief er, »was man in seinen alten Tagen erleben muß! Hier in diesem Hause habe ich geholfen, das neue Nordstrander Landrecht zu küren; hier habe ich als Ratmann so manches Urteil gefällt, bis ich mit so vielen andern im Jahre 1593 ohne Grund und Recht abgesetzt wurde, als man die Zahl der Ratmänner von 60 auf 48 verminderte; und jetzt soll unsereiner, wenn er der alten friesischen Thingstätte naht, sich beschimpfen lassen von allerlei fremdem Bettelvolk. Es mag wohl wahr sein, was der alte gelehrte Jacob auf seinem Sterbebett gesagt hat, daß das alte Nordstrand dem Untergang reif ist; es riecht hier bereits ganz moderig.«

Pua Modders wähnte, daß das letzte Wort des alten Ratmannes mit den langen weißen Haaren auf ihn Bezug hätte. Er wollte daher den letzten Satz des alten Mannes verbessern und rief: »Jawohl, es stinkt hier widerig.«

Kaum hatte er jedoch diese Worte gesprochen, da erhielt er von seinem Nebenmann am Wirtshaustisch eine fürchterliche Maulschelle, so daß er unter den Tisch taumelte. »Das war von Bahne Widerich, dem Besitzer von Norderoog, der tüchtig schlägt und trinkt, aber nimmer stinkt.« Diese Erläuterung gab ein langer, rauflustiger Mann mit eisernen Fäusten. Pua sah seinen Gegner grimmig an, aber schlich sich leise hinweg, da er einen Kampf mit dem langen starken Kerl nicht zu bestehen wagte. Man sagte nachher, Pua Modders habe sich auf dem

Rörbecker Markt nichts weiter als eine tüchtige, ihm sehr nötige Maulschelle geholt.

Er ging wieder nach seinem Schiff im Siel und fand es nicht bloß von flatternden Krähen, sondern auch von diebischen und schreienden Marktbuben, von tartarischen, jüdischen, dänischen und friesischen Knaben umringt und besetzt. Nur mit vieler Mühe gelang es ihm, einen Teil des Gesindels zu verdrängen und an Bord seines Fahrzeuges zu gelangen. Die frechsten des zudringlichen Haufens waren halbnackte Zigeunerburschen, braune, langfingerige Jungen, die über seine geringen Eßvorräte hergefallen waren und sich auf keine Weise von ihm verscheuchen ließen.

Pua Modders machte endlich gute Miene zum bösen Spiel, und gleichzeitig reifte ein Racheplan in ihm. Er machte plötzlich seine Landtaue los, zog sein Segel in die Höhe und steuerte zum Hafen hinaus. Als seine hungrigen Gäste solches bemerkten, wollten sie wieder ans Land, jedoch Pua schiffte längs der Schlüt immer weiter westwärts, ohne auf das Geschrei und die Bitten seiner Gefangenen zu achten, bis er kurz nach Sonnenuntergang an dem Ufer von Norderoog anlegte, der äußersten, westlichsten Hallig. Jetzt zeigte er seiner diebischen Schiffsgesellschaft das einzige Haus der Hallig, nämlich das seines Beleidigers Bahne Widerich, und sprach: »Der Mann, der dort wohnt, ist reich und nicht zu Hause. Dort werdet ihr alles finden, was ihr euch wünscht; eilet dahin, ehe es Nacht wird.«

Die Buben ließen sich das nicht zweimal sagen und liefen ans Land. Übel hausten sie in der Halligwohnung, bis der Besitzer nach acht Tagen wieder heimkehrte, sie züchtigte und nach Pellworm transportierte.

Unterdessen hatten sich die Eltern der entführten Zigeunerkinder nach dem Rörbecker Markt über ganz Nordstrand verbreitet und waren bis nach dem westlichsten Kirchspiel der großen Insel, bis nach Pellworm gekommen, um ihre Kinder zu suchen. Ihre Freude war natürlich groß, als sie sie hier wiederfanden. Überdies gefiel dem hungrigen Gesindel das reiche Land. Es musizierte, bettelte und stahl so lange auf Pellworm, bis der Winter sich einstellte und sie an der Rückkehr nach dem Festland hinderte. Die vielgeplagten Pellwormer mußten daher ihre räuberischen Gäste fast ein halbes Jahr füttern und beherbergen.

Pua Modders aber war unterdes voller Schadenfreude längst wieder nach Rantum heimgekehrt.

PUA NARRT DIE WESTERLÄNDER

Eines Tages hatte Pua das Vergnügen, die Westerlandsylter zu foppen. Es war am 1. April, als er des Morgens früh einem blödsinnigen Hirten den Auftrag gab, eilig zum Strandvogt von Westerland zu laufen und ihm, aber sonst niemand, zu sagen, es wäre in der Nacht eine Goldkiste an den Strand gespült und in Stücke geschlagen worden.

Der Pinsel erzählte, wie zu erwarten war, jedem seine Neuigkeit, und innerhalb einer Stunde war halb Westerland bereits auf den Beinen und auf dem Wege nach dem Strande, um an der Beute teilzunehmen.

WIE DER SCHALK AUF RÖM EINE ROTE JACKE BEKAM

Einst war es Mode geworden, daß alle Männer auf den westlichen Inseln an Sonn- und Festtagen rote Jacken trugen. Nur Pua Modders hatte keine rote Jacke. Man neckte ihn, der sonst jedermann zum besten hatte, und fragte ihn, warum er keine habe. »Ich will keine haben«, antwortete er. »Ach hört«, hieß es dann, »Pua Modders will keine rote Jacke haben, weil er keine bekommen kann.« Diese Redensart ist noch allgemein bekannt auf Sylt.

Die Sache ärgerte den Schalk, denn wie langfingrig er auch

war, so hatte er doch nie auf lange Zeit Geld in der Hand oder in der Tasche, sondern war und blieb ein armer Schlucker, der keine rote Jacke bezahlen konnte. Man hatte ihm also nur die Wahrheit gesagt. Es war aber das erste Mal in seinem Leben, daß er sich recht getroffen und beschämt fühlte. Er beschloß daher, sein Glück anderwärts zu suchen, reiste jedoch nicht südwärts wie die übrigen Sylter, wenn sie solches im Sinne hatten, sondern nordwärts und kam nach der Insel Röm.

Hier herrschte indes dieselbe Mode, wegen der er von Sylt geflohen war. Überdies fand er das ganze Inselvölkchen in großer Bewegung. Nach einer allgemein erzählten, aber sehr närrischen und unglaublichen Sage stritten die Römöer sich damals über ihre Kirche, – bekanntlich gibt es nur eine auf der Insel Röm – und zwar nicht etwa über einen Neubau oder eine Reparatur, sondern über eine Versetzung derselben um einige Ellen nach Süden.

Das ganze Römöer Volk war versammelt, damit ein jeder seine Meinung und seine Vorschläge in dieser allgemeinen Kirchspiels- und Landessache aussprechen könnte. Allein je mehr Leute zusammenkamen, desto weniger konnte man sich einig werden. Da trat, gerade als der Streit am hitzigsten war und in eine große Prügelei ausarten wollte, ein Fremdling in einer blauen Jacke auf, nämlich Pua Modders von Sylt, der unmöglich länger schweigen konnte, und sprach: »Ihr wollt eure Kirche südwärts rücken, wohlan, tretet alle an die Nordseite, stoßt und drückt mit aller Kraft gegen die Kirche, so muß sie, die von wenigen Menschen gebaut ist, der vereinten Macht so vieler weichen. Damit wir aber merken, wenn die Kirche auf den gewünschten Platz gekommen ist, so lege einer von euch seine rote Jacke an die Südseite der Kirche, zwei Ellen von der Mauer entfernt. Wenn die Jacke nicht mehr sichtbar ist, wird die Kirche stehen, wo sie stehen soll.«

Dieser Rat fand bei dem Römöer Volke ungeteilten Beifall, besonders deshalb, weil er von einem Fremdling kam. Die ganze Inselbevölkerung lief nun nach der Nordseite der Kirche und schob und stieß unter Vergießung vielen Schweißes mit unerhörter Kraftanstrengung gegen die Kirche, und der kluge Ratgeber ging ab und zu nach der Südseite, um nach der Jacke zu sehen. Nach einigen Stunden, während sich das Volk Kopf und Rücken, Hände und Füße wund gestoßen und geschoben hatte, kehrte Pua Modders endlich mit der Erklärung zurück, daß die Jacke nicht mehr sichtbar wäre und die Kirche stände, wo sie stehen solle.

Da stürzten alle, der rasenden Arbeit müde, nach der südlichen Seite der Kirche. Die Jacke war wirklich nicht mehr sichtbar, also stand die Kirche, wo sie stehen sollte.

Pua Modders hatte jedoch den Römöern zu viel Dummheit zugetraut, als er frech genug war, am folgenden Sonntage die gestohlene Jacke anzuziehen. Alle sagten: »Er hat uns betrogen!« und der Schalk mußte wieder nach seiner Heimatinsel entfliehen.

PUA MODDERS IST TOT

Auf Sylt war das Gerücht von seinem Streich, den er auf Röm verübt hatte, schon vor ihm angekommen. Pua hängte daher die rote Jacke, damit sie ihn nicht verraten möchte, an einen Brunnenpfahl der Kamper Marsch. Eine Kuh geriet über das Kleidungstück in Wut, denn Kühe und Puter können bekanntlich die rote Farbe nicht leiden, kurz, die toll gewordene Kuh rannte wiederholt mit den Hörnern gegen die Jacke, bis sie in den Brunnen fiel.

Ein Kamper hatte dieses aus der Ferne angesehen und glaubte, daß der heillose Schalk selber umgekommen wäre. Er brachte die fröhliche Nachricht von dem Tode des verhaßten Pua in sein Dorf und über die Insel. Die Freude über den vermeintlichen Tod des Spötters war groß und allgemein auf Sylt. Als der erwähnte phantasiereiche Kamper ein Lied darüber dichtete, sangen in kurzer Zeit alle Sylter, bis auf die Rantumer, die es besser wußten:

Ing en Dung!
Di kloken gung.
Hoken es duar?
Pua Moders es duar!
Hur kām hi tö duar?
Bi Uaster-Suar;
Di broket kü, jü stat höm duar.

Die Kamper aber fanden es ekelhaft, aus dem Brunnen zu schöpfen, in welchem sie den toten Körper des Pua Modders noch immer wähnten, weil sie dessen auf Röm gestohlene rote Jacke darin treiben sahen. Da sie nun wegen der hohen Lage in ihrem Dorf keine Brunnen hatten noch zu machen verstanden, so begannen sie im Norden des Dorfes, auf dem Abhange der Kamper Höhen, ein neues Wasserloch zu graben, denn bis zum Jahre 1847 hatte das Dorf keine ordentlichen Brunnen, sondern nur altertümliche Regenwasserbehälter.

DER KLAWENBUSCH BEI KAMPEN

Jedoch Pua Modders lebte noch, nur ungewöhnlich still. Er brütete aber im geheimen Rache wegen der Schmach, welche die Kamper ihm angetan hatten. In alten Zeiten war die ganze Talschlucht, die von Kampen südöstlich bis nach Wuldemarsch reicht, mit Gebüsch bedeckt. Das Gehölz, das hauptsächlich aus Weißdorn bestanden haben soll, hieß das Wolderholz oder noch häufiger der Klawenbusch, weil die Bauern aus den krummen Zweigen die Klawen für ihr Pferdegeschirr zu schneiden pflegten.

Pua ließ nun das Gerücht verbreiten, es sei jetzt jederman erlaubt, sich für seine Pferde mit den nötigen Klawen aus dem Gehölz der Kamper zu versehen. Sofort liefen die Braderuper, Tinnumer, Keitumer und andere nach dem Kamper Busch, um sich neue Klawen zu verschaffen. Die Kamper ärgerten sich natürlich über die Sache und gönnten den andern Syltern ihre Krummhölzer nicht. Jeder suchte, dem andern zuvorzukommen, und versah sich so reichlich mit Holz, als er nur konnte. So kam es, daß durch den Wetteifer der Kamper selbst das ganze Wolderholz bis auf einen Hagedorn ausgerottet ward. Da kamen sie endlich zur Besinnung, und zur Warnung der Nachkommen vor Eigennutz und Neid ist der Strauch im Südosten des Dorfes stehengeblieben.

PUAS BÖSE RACHE UND SEIN ENDE

Als das Frühjahr kam und ihr neuer Brunnen bereits eine Tiefe von vierzig bis fünfzig Fuß erreicht hatte, bekamen die Kamper größeren Ärger als je zuvor. Ihre Fischgärten und Bergentenlöcher wurden nicht nur wie früher oft bestohlen, sondern von boshaften Händen allmählich beschädigt und selbst zerstört. Außer sich vor Zorn beschlossen die Männer des Dorfes, fortan alle Nächte Wache zu halten, um den Übeltäter zu bestrafen. Wenn jemand in der Nacht etwas Verdächtiges bemerken würde, so sollte er sofort das bekannte Geheul anstimmen, mit dem die Sylter Seefahrer die Seehunde zu begrüßen pflegen, wenn sie diese auf Flottwasser antreffen. Alle übrigen sollten alsdann antworten und dem Heulenden zu Hilfe kommen. Das alles wurde verabredet unter den erhitzten Kampern. Es vergingen indes mehrere Nächte, und alles blieb still.

Die Kamper begannen bereits, sich zu beruhigen, als einst in einer finstern Nacht in dem letzten Rest des alten Klawenbusches ein Geheul ertönte. Die wachsamen Männer antworteten sofort und liefen nach dem Busch. Hier fanden sie jedoch niemand, glaubten also, sich geirrt zu haben. Da ertönte das verabredete Geheul im Westen des Dorfes bei den Bergentenlöchern in den Heidehügeln. Jetzt liefen die Kamper dorthin und bemerkten eine dunkle, heulende Gestalt. Nun ging die Jagd der Kamper erst los. Alle stürzten in blinder Wut augenblicklich dem Voranlaufenden nach. Dieser lief nordwärts nach dem neuen Brunnenloche, einer großen, weiten Grube. Als er bei der Tiefe ankam, sprang er hinein und verschwand den Blicken der Nacheilenden. Die Verfolger sprangen ebenfalls in das finstere Loch hinab, vermeinend, die Übeltäter da unten zu finden.

Unterdes stieg der Vordermann, der übrigens niemand anders war als der rachsüchtige Puas Modders, an der anderen Seite der Grube wieder hinauf und stampfte mit dem Fuße auf die lose Erde. Da löste sich ein Teil der Erdwand, stürzte in den Brunnen und verschüttete alle darin befindlichen Männer des Dorfes, sechzehn an der Zahl.

Dem boshaften Urheber dieses Unglücks konnte man freilich in der Folge seine Tat nicht beweisen, allein man nannte ihn später nur den Totmacher und zweifelte nicht an seiner Schuld. Der niemals fertiggewordene Brunnen, von dem noch heutigen Tages ein tiefes Loch sichtbar ist, hieß fortan Muurdküül oder Mordloch und ist unter diesem Namen bekannt.

Pua Modders soll seit dieser Zeit sehr ernst geworden sein. Er fand keine Ruhe mehr auf Erden, bis er samt seinem Stiefvater im Haff zwischen Sylt und Föhr ertrank. Seine Landsleute sagten: »Die Krähen flogen weg mit Pua Modders Katze.« Sie meinten ohne Zweifel damit: sein spöttischer Geist verschwand von der Insel bei dem Abzug der Krähen im Frühjahre.

Das war das Ende eines Mannes, von dem man wie von seinem Großvater zu sagen pflegte, daß sein Schornstein stets gegen den Wind geraucht habe.

ENDE

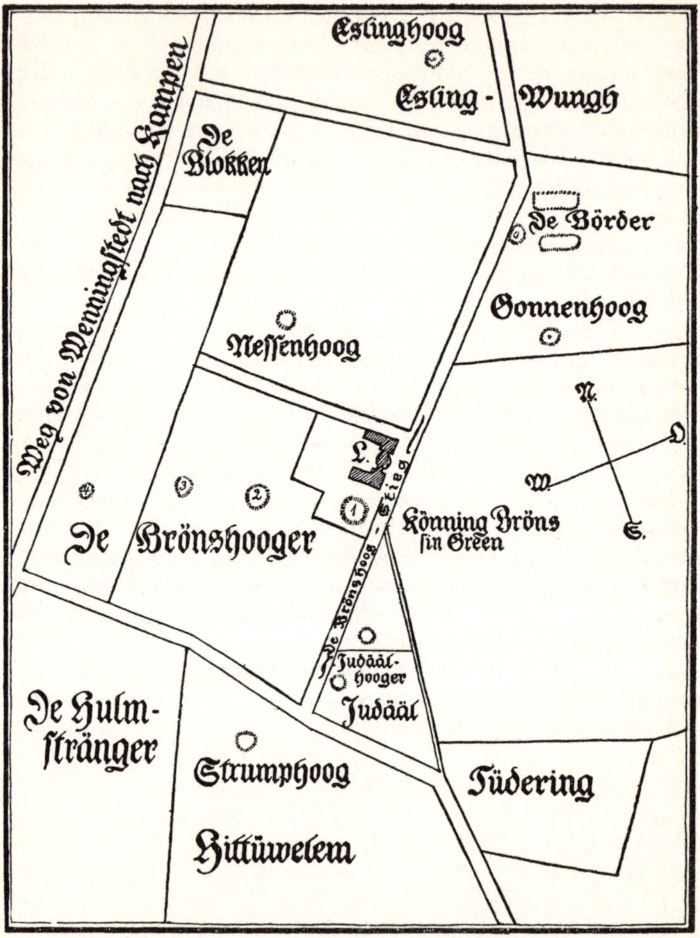

Die Umgebung des Leuchtturms bei Kampen im Jahre 1857
Nach einer Karte von C. P. Hansen
L = Leuchtturm. 1 = Der große Brönshoog. 2 = Der kleine Brönshoog. 3 = Der Hundshoog. 4 = Tewelkenhoog.

QUELLEN

Müllenhoff, Karl

Sagen, Märchen und Lieder der Herzogthümer Schleswig-Holstein und Lauenburg. Verlag der Schwerschen Buchhandlung 1845

Die Insel Sylt in geschichtlicher und statistischer Hinsicht. Hamburg: Falcks Archiv 1845

Hansen, C. P.

1. Sagen und Erzählungen der Sylter Friesen. 1. Aufl. Altona 1857. 3. Aufl. bearbeitet von Christian Jensen. Garding: Verlag Lühr & Dirks 1895

2. Beiträge zu den Sagen, Sittenregeln, Rechten und der Geschichte der Nordfriesen. Mit einer Selbstbiographie des Verfassers. Deezbüll: Verlag von Chr. Moje 1880

3. Chronik der Friesischen Uthlande. 2. sehr vermehrte Aufl. Garding: Verlag von Lühr & Dircks 1877

4. Die friesischen Uthlande vor tausend Jahren: Ubbo, der Friese oder: Die Friesen und Jüten der alten Zeit in ihren Kämpfen miteinander. Band I, eine Erzählung nach friesischen und dänischen Sagen bearbeitet. Schleswig: Dr. Heibergs Buchhandlung 1864

5. Der Sylter Friese. Geschichtliche Notizen, chronologisch geordnet und benutzt zu Schilderungen der Sitten, Rechte, Kämpfe und Leiden, Niederlagen und Erhebungen des Sylter Volkes in dem 17. und 18. Jahrhundert. Kiel: Ernst Homann 1860

6. Die nordfriesische Insel Sylt, wie sie war und wie sie ist. Ein Handbuch für Badegäste und Reisende mit 14 Abbildungen und 1 Karte. Leipzig: Verlagsbuchhandlung von F. F. Weber 1859

7. Das Schleswig'sche Wattenmeer und die friesischen Inseln. Mit 10 Bildern und 1 Karte nach Originalzeichnungen. Glogau: Druck und Verlag von Carl Flemming 1865

8. Das Nordseebad Westerland auf Sylt und dessen Bewohner. 2. Aufl., durchgesehen und um eine Biographie C. P. Hansens vermehrt von Chr. Jensen. Garding: Verlag von Lühr & Dircks 1891

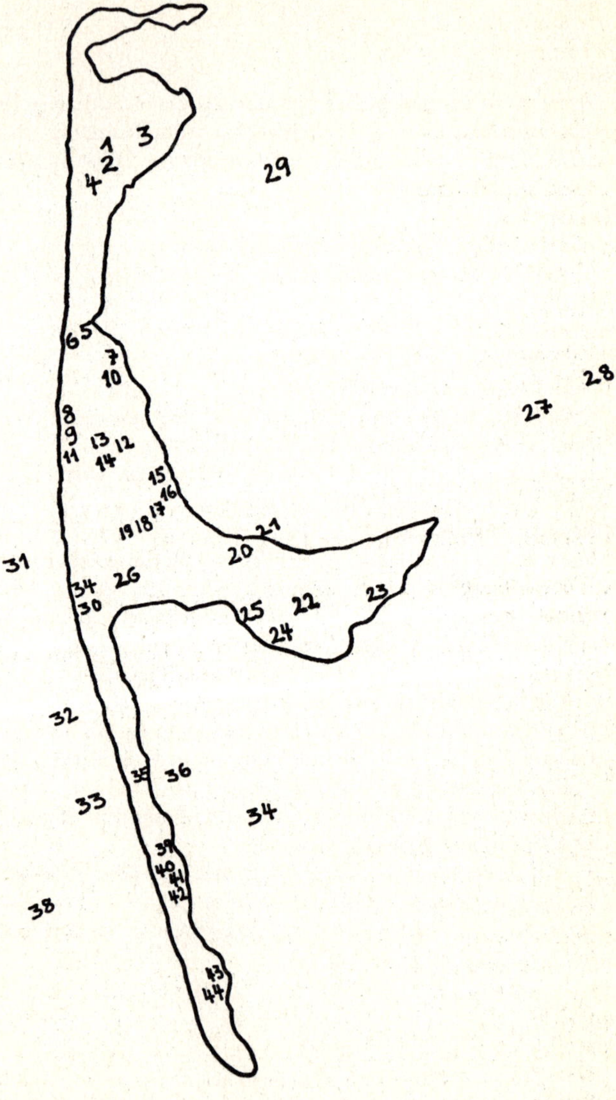
1
3
2
4
29
6 5
7
10
28
27
8
9
13
12
11
14
15
16
17
19 18
21
20
31
34
26
30
23
22
25
24
32
35
36
33
34
39
40
41
42
38
43
44

Ortsverzeichnis zu nebenstehender Übersichtskarte vgl. Kartenausschnitte Seite 65 und 142.

11 Affental – Āpdääl
34 Altkirchendüne – Ual'säärk
1 Altlister Kirche – Ual'-List-Säärk
25 Archsumburg (Arrer Schloß) – Ārichsem Borig

17 Boikenhügel – Boikenhoog
10 Brödihoog
2 Brummtäler – Brumdäälen
43 Buder – Buuđer
23 Bullhügel – Bolhoog

28 Dracht

31 Eidum – Aiđem

15 Galgenhügel – Galighoog
39 Groß-Vlie – Gurt Flii

22 Heligenört
27 Hengst – Hingst
29 Höntje

16 Jükersmarsch – Jükersmäärsk

6 Kjeptrum – Kjeptrem
18 Königskamp – Köningskaamp
44 Kressen-Jakobstal – Kresen-Jaakobsdääl

3 Meelhörn
5 Mordkuhle – Muurdküül

38 Niebolum – Niiblem

8 Osetal – Uasdääl

41 Puan Klent
30 Puanstööwen
7 Puktal – Pükdääl

33 Ratsburgkapelle – Raatsborig
9 Risgap

14 Stiinbörd
36 Stinum – Stiinem
12 Stipelstiinhooger

35 Taatjemglaat
13 Töörshoog
26 Tinseborg (Tinnum Burg) – Tinem Borig
20 Tipkenhoog
24 Tjüüls-Ingi
42 Törnhörn

34 Vliedum – Fliiđem

21 Waldhagen – Ual'haagen
4 Wadtstedt – Waađstair
40 Wardüntal – Wardingdääl
32 Westerseekirche – Wäästerseesäärk
19 Winjshoog

WILHELM JESSEN

Wilhelm Jessen, der Bearbeiter und Herausgeber der vorstehenden, von dem Sylter Chronisten C. P. Hansen im vorigen Jahrhundert gesammelten Sylter Sagen, wurde am 22. März 1879 zu Großsoltholz im Landkreis Flensburg geboren.

Nach dem Besuch der Präparandenanstalt in Flensburg und des Lehrerseminars in Hadersleben war er zunächst in Flensburg, dann in Gasse bei Scherrebek in Nordschleswig und desweiteren in Sonderburg auf Alsen tätig. Im Jahre 1913 bestand er seine Mittelschullehrerprüfung, und am 1. April 1914 kam er an die Mittelschule in Westerland. Er war in den letzten Jahren seines dortigen Wirkens deren Konrektor. Nach seiner Pensionierung, die durch den 2. Weltkrieg und dessen Folgen verzögert wurde, blieb er in Westerland wohnen. Hier ist er dann am 29. August 1949 verstorben, tief betrauert nicht nur von seiner Familie, sondern auch von allen seinen dankbaren Schülern, denen er nicht nur ein guter Lehrer, sondern auch ein väterlicher Berater war.

Am 1. Weltkrieg hat Wilhelm Jessen als Offizier teilgenommen. Trotz freiwilliger Frontmeldung wurde er Anfang August 1914 zur Inselwache Sylt eingezogen. Später (1917) kam er dann an die Front nach Frankreich, wo er im Juni 1918 schwer verwundet in französische Kriegsgefangenschaft geriet. Erst Weihnachten 1920 kehrte er in die Heimat zurück. Und nun widmete er sich neben seiner beruflichen Tätigkeit ganz der Arbeit, die für die Heimatkunde unserer Insel von großem Segen werden sollte.

Als Wilhelm Jessen Soldat im kleinen Dünendorf Rantum war, erkannte er bald, daß dieser Ort ein tragisches Schicksal durch Sand und Wasser erlitten hatte, und mit großem Fleiß versuchte er nun nicht nur durch das Lesen der Werke C. P. Hansens, sondern zur Hauptsache durch Befragung der Einwohner des kleinen Ortes Licht in das Dunkel, das über diesem Dorf lastete, zu bringen. Das Ergebnis dieser Arbeit, die wohl als Auftakt zu allen späteren heimatkundlichen Arbeiten zu betrachten ist, war seine kleine Monographie »Rantum auf Sylt. Die Geschichte eines sterbenden Dorfes.« Der 1. Band erschien 1923 und der 2. im Jahre 1924 im Verlag der Sylter Heimatbücher in Westerland.

Von den alten bodenständigen Einwohnern Rantums und Westerlands hatte er eingehende Kunde bekommen von dem erst zu Anfang unseres Jahrhunderts zum Erliegen gekommenen Fischfang an der Westseite der Insel. Als Erster beschreibt er uns diesen Erwerb in dem 1923 in der Zeitschrift »Die Heimat« gedruckten Aufsatz »Die Bootdüne bei Westerland auf Sylt«. Es sei aber nicht unerwähnt, daß in der selben Zeit noch eine Reihe von kleineren Aufsätzen in Zeitungen und Zeitschriften, die alle Sylter Belange behandelten, von ihm erschienen sind.

So wurde Wilhelm Jessen zum würdigen Nachfolger unseres

Chronisten C. P. Hansen, der schon 1879 die Augen für immer geschlossen hatte. Hatte dieser die Sagen unserer Insel als erster aufgezeichnet, z. T. erlauscht aus dem Munde einer alten Frau in Braderup, wie er uns berichtet, so hat jener diese Sagen zu einem Buch vereinigt, nachdem er sie in glücklicher Art überarbeitet hatte. Sie erschienen 1925 unter dem Titel »Sylter Sagen« im Inselverlag Carl Meyer in Westerland. Es sind die Sagen, die hier im Vorstehenden in 2. Auflage unverändert wieder erscheinen. Der Herausgeber hat sich s. Zt. gerade um diese Sagen viel Mühe gemacht, weil er als Lehrer wohl wußte, was ihre Kenntnis der Sylter Jugend bedeutet.

Wilhelm Jessen hatte ja gleichsam das Glück, die Insel und ihre Bewohner, die zu der Zeit noch zumeist Syltringer waren, so kennen zu lernen, wie sie ohne Saisonbetrieb sich ihm zeigten; denn der Anfang August 1914 ausbrechende Krieg ließ die eben angelaufene Badezeit sofort verstummen. Die Männer Sylts wurden Soldat, und die ganze umfangreiche tägliche Arbeit mußte wie bisher ja stets von den Frauen alleine geleistet werden. Sylts alte Zeit der Seefahrt war in ihrer Art wieder da. Und diese Sylter Welt lernt Wilhelm Jessen kennen, und aus ihr ist er wohl zur Hauptsache zu seinen heimatkundlichen Arbeiten angeregt worden.

Daß Wilhelm Jessen später, durch einen glücklichen Fund der Briefe Uwe Jens Lornsens an dessen Vater angeregt, zur gründlichen Erforschung des Lebens und der Umwelt des großen Inselsohnes kam und die Erkenntnisse dieser Arbeit in vielen Aufsätzen niederlegte, soll hier nur erwähnt werden. Auch sei hier darauf hingewiesen, daß Wilhelm Jessen als umsichtiger Leiter des Sylter Archivs in Westerland bekannt geworden ist.

Als Wilhelm Jessen Ende August 1949 seine fleißige Feder aus der Hand legen mußte, durfte er die Gewißheit mit ins Grab nehmen, daß er eine hervorragende Arbeit für seine geliebte Insel Sylt, die ihm zur zweiten Heimat geworden war, geleistet hatte. Er durfte aber auch scheiden in der Gewißheit, daß die

Syltringer ihn in großer Dankbarkeit als einen ihrer eigenen Söhne ansahen.
Von Wilhelm Jessen sind außer vielen kleineren Aufsätzen in Zeitschriften und Tageszeitungen folgende Arbeiten zur Heimatkunde Sylts erschienen:

1. Rantum auf Sylt. Die Geschichte eines sterbenden Dorfes. Westerland 1923/24.
2. Sylter Sagen. Westerland 1925.
3. Uwe Jens Lornsens Briefe an seinen Vater. In Verbindung mit Dr. G. E. Hoffmann. Breslau 1930.
4. Die Bootdüne bei Westerland auf Sylt. In: Die Heimat. Kiel 1923.
5. Ual' Sërk bei Westerland auf Sylt. In: Jahrbuch des Nordfriesischen Vereins. 1924.
6. Was Henning Rinken über die Sylter Trachten berichtet. In: Jahrbuch des Nordfriesischen Vereins. 1928.

Außerdem hat Jessen eine umfangreiche handschriftliche Chronik des Dorfes Rantum hinterlassen. Sie wird im »Sylter Archiv« in Westerland aufbewahrt.
Wenningstedt auf Sylt, 1965 Hermann Schmidt

INHALTSÜBERSICHT

Im selben Verlag sind erschienen:

Georg Quedens
Sylt erzählt
80 Seiten, 5 Zeichnungen von Jeane Flieser, broschiert ISBN 3-87980-304-8

Clara Tiedemann
Kampener Skizzen
Begegnungen, Gespräche, Schicksale
Mit Zeichnungen von Sigurd Merz
120 Seiten, broschiert
„Die Jahre vor 1933 sind eingefangen in Erinnerungen an prominente Syltbesucher wie Emil Nolde, Thomas Mann und Erich Kleiber…"
ISBN 3-87980-404-4

Reinhard Bordel
und erlegte 373 Wale
10 Radierungen zu Geschichten der nordfriesischen Inseln Amrum, Föhr, Sylt und Helgoland
Texte in hochdeutscher, plattdeutscher und friesischer Sprache, erzählt und aus dem Friesischen übersetzt von Volkert F. Faltings
Radierungen im Originalformat, bibliophile Ausstattung
24 Seiten, japanische Bindung ISBN 3-87980-214-9

Harald Voigt
Der Sylter Weg ins Dritte Reich
Eine Fallstudie
160 Seiten mit 27 zeitgenössischen Abbildungen, 2 Karten, Tabellen, broschiert, ISBN 3-87980-230-0

Manfred Wedemeyer
Sylter Literaturgeschichte in einer Stunde
64 Seiten, broschiert ISBN 3-87980804-x

Peter Schmidt-Eppendorf
Der Sylter Chronist Hans Kielholt
48 Seiten, broschiert ISBN 3-87980-805-8

Nils Arhammar
Die Syltringer Sprache – Die Sylter Literatur
Sonderdruck aus „Sylt – Geschichte und Gestalt einer Insel"
32 Seiten, geheftet ISBN 3-87980212-2

Harald Voigt
50 Jahre Hindenburgdamm
Mit 13 farbigen Karten, technischen Darstellungen und zeitgenössischen Abbildungen, 32 Seiten, geheftet ISBN 3-87980-507-5

Verlag Hansen & Hansen, Münsterdorf